福祉知識ゼロからわかる！

# 生活保護
# ケースワーカーの
# 仕事の基本

山中 正則

JN055027

学陽書房

# はじめに

　本書は、人事異動で初めて生活保護の現場、福祉の現場で仕事をする人に向けて、なかなか語られることのない生活保護ケースワーカーという仕事の基礎としてその面白さをお伝えする一冊です。

　「そうかぁ、大変ですね」「うわぁ、ケースワーカーですか⁉」「生保（生活保護の略）か……」

　生活保護を担当する部署に異動することが決まったとき、私が最初にかけられた言葉はこんなものでした。苦笑交じりで肩を叩く人もいて、事前の知識がない私は本当に戸惑いました。

　私が勤務する大阪市では、それぞれの部署への異動を希望する職員の公募があるのですが、生活保護担当は大阪市24区のほとんどで毎年のように募集があります。市役所にはたくさんの部署がある中で、生活保護担当の募集の多さだけを見ていると入替りが激しく、人気の無い大変な職場のように見えてしまうかもしれません。

　生活保護の現場への配属、異動を希望して、希望どおりに生活保護ケースワーカーになった方にとっては本当に素敵なことですが、この本を手に取った方は、生活保護に関してネガティブな情報に触れることが多く、不安な気持ちになっているのではないでしょうか？

　そんな皆さんに、生活保護の担当を経験した今の私が声をかけるとするならば、きっとこんな言葉です。

　「生活保護の担当か。大変で覚えることも多い部署だけど、きっと一生ものの経験ができる部署だよ。頑張って」

　人事異動で新しい部署に変わるときに不安に思うのは、きちんとした情報がないからではないでしょうか。「大変だ」と声をかけている同僚

もほとんどは、生活保護の現場のリアルを恐らく知りません。

　そこで本書は、現場のリアルな情報をお伝えしながら、初めての仕事に自信を持って取り組めるようになる、ケースワーカー目線での仕事のコツの掴み方を紹介します。

　CHAPTER 1：生活保護ケースワーカーとはどんな仕事なのか
　CHAPTER 2：ケースワーカーとして最初に取り掛かること
　CHAPTER 3：ケースワークの基礎となる家庭訪問について
　CHAPTER 4：ケースワークを支える調査や周りとの連携について
　CHAPTER 5：生活保護を語る際にさけられない制度の適正運用
　CHAPTER 6：生活保護以外の制度など更に知っておきたい情報
　CHAPTER 7：新人ケースワーカーから集めた素朴な疑問

　これらを生活保護の現場、福祉現場での経験が無くても理解できるよう、分かりやすい形で収めました。

　不安いっぱいで辞令を受け、この本を手にとっていただいた方に、本書がほんの少しでも前向きに生活保護ケースワーカーとして活躍できるきっかけになれば嬉しいです。

　生活保護ケースワーカーの仕事へようこそ。

山中　正則

---

　凡例　本書では関係通知等を略称して次のように表記しています。
［告］：厚生省告示（昭和38年4月1日厚生省告示第158号「生活保護法による保護の基準」）
［次］：厚生事務次官通知（昭和36年4月1日厚生省発第123号厚生事務次官通知「生活保護法による保護の実施要領について」）
［局］：厚生省社会局長通知（昭和38年4月1日社発第246号厚生省社会局長通知「生活保護法による保護の実施要領について」）
［問答］：厚生省社会局保護課長通知（昭和38年4月1日社保第34号厚生省社会局保護課長通知「生活保護法による保護の実施要領の取扱いについて」）（一般的に「課長問答」と呼ばれるもの）
［別冊問題集］：『生活保護手帳　別冊問答集』（中央法規）

# CONTENTS

CHAPTER

**3**

# 家庭訪問をしよう!

---

## CHAPTER 6 | 一人前のケースワーカーに導く ＋αの知識

## CHAPTER 1

# 初めて生活保護ケースワーカーになるあなたに

# 1 | 生活保護は役所一の不人気職場!?

## ✓ 生活保護担当は「普通」を支える仕事

　生活保護ケースワーカーの仕事は、人々の「普通」を支える、プロの仕事です。

　生活保護制度は憲法第25条に規定する「生存権」の理念を基礎に、最低限度の生活を保障し自立を助長する制度です(**5参照**)。「最低限度の生活」とは、誰もが当たり前に思う「普通」の生活のことです。その「普通」の生活を送ることができなくなった方に、「普通」を取り戻してもらうために援助するのが、生活保護ケースワーカーの皆さんの仕事です。

　被保護者（生活保護を受ける人）の「普通」を支えるためには、様々な制度、知識や経験を最大限活かすプロフェッショナルな仕事が求められます。これは役所の中でもなかなか格好いい仕事だと思いませんか？

## ✓ 生活保護担当が大変だと思われる3つの理由

　しかし、「生活保護は役所一の不人気職場」などとWeb上で書かれているのを幾度となく見たことがあります。「はじめに」でも触れたように、周りから「生活保護ケースワーカーの仕事は大変だよ」などと言われたことがある人もいるのではないでしょうか。

　生活保護ケースワーカーのマイナス面を見聞きして、「うわぁ、大変」と思ったあなた。どんな職場でも多かれ少なかれ、大変なことはあるのではないでしょうか。生活保護ケースワーカーの仕事には大変なこと以

上にやりがいや楽しさ、おもしろさを感じることがたくさんあります。

　大変さをきちんと理解したうえで、正しく恐れて、「不人気職場」を居心地の良い人気職場にできるようにみんなで考えてみませんか？

　生活保護担当が「大変な職場」とされるのは、こんな理由があるのかもしれません。

## 慢性的な人出不足

　少子高齢化やコロナ禍の長期化など、生活保護を申請する人は年々増えています。そのため、ケースワーカーを増員して対応する自治体もありますが、追いつかないのが現状です。

## 担当制で個人への負担感が大きい

　被保護者それぞれに担当ケースワーカーが割り当てられるため、どうしてもその世帯への支援の多くを担当ケースワーカーが担います。

## 濃密な対人職場

　役所にある様々な窓口での住民対応も対人職場ですが、生活保護の現場では担当する被保護者の生活状況などを知って、よりしっかりと対応、手助けすることが必要になります。

　ここで掲げた３つの大変さは、確かに皆さんにとって負担かもしれません。いきなりプロフェッショナルな仕事を求められても、と思われる気持ちも、同じ経験をしてきた私は知っています。

　その大変さを少しでも軽減するために、本書は実際に現場で直面した出来事の解説や、その課題の乗り越え方を多く掲載しています。ぜひ参考にしてください。

　いきなりプロになれなくても大丈夫。一緒に頑張りましょう。

**POINT**

**生活保護担当は「大変な職場」かもしれないけれど、
きっとあなたの「大好きな職場」になる。**

# 2 | 「ケースワーカー」って どんな仕事？

## ✓ 「ケースワーカー」は色々な場所にいる？

「ケースワーカー」という名前、色々な場所で使われているのを知っていますか？

生活保護に携わる福祉事務所以外にも、児童相談所や老人福祉施設、社会的養護施設、精神保健福祉センター、なかには病院などで働いている人にも「ケースワーカー」と呼ばれる人がいます。また、同じような名前で「ソーシャルワーカー」と呼ばれている場合もあります。

一般的にはケースワーカー、ソーシャルワーカーともに、生活に関わる様々な困りごとの相談を受けたり、援助したりする仕事です。厳密な区分は無く、福祉事務所や児童相談所のような公的機関で相談・援助業務にあたる人をケースワーカー、病院や介護施設などで相談業務にあたっている人をソーシャルワーカーと呼んでいることが多いようです。

そのため、単にケースワーカーと呼ばれていても、「どこの」ケースワーカーか分からないこともあるので、現場では多くの場面で、「生活保護のケースワーカー」と名乗っています。本書では便宜上「ケースワーカー」と表記します。

## ✓ 生活保護ケースワーカーの位置付け

生活保護を担当するケースワーカーは、社会福祉法第15条第1項第2号により決められた福祉事務所に置かなければならない現業を行う所

員（現業員。現場の職員のこと）です。生活に困っている世帯を家庭訪問や面接、資産や環境等の調査により保護等の必要性を判断して、相談や援助を行います。

　生活面だけでなく、福祉施策全般に通じる専門的な相談・援助業務なので、国家資格である社会福祉士を取得している者、大学等で社会福祉に関する科目を一定数修めている者、厚生労働大臣指定の養成機関・課程を修了した「社会福祉主事」がケースワーカーとして仕事をします。

　あれ？　私、社会福祉士でもないし、福祉の教育を受けたこともないんだけど……という人もいるでしょう。そうなんです。私もそうでしたが、実際には有資格者でないまま、生活保護の担当になる人もいます。常に有資格者が足りているとは限らないので、そういった場合は、厚生労働大臣指定の養成機関での研修を受けて資格を取得します。

　また、ケースワーカーの位置付けと同じように、福祉事務所に必要なケースワーカーの人数についても、社会福祉法で決められています。標準となる人数は次の図表のとおりです。

**→ 現業を行う所員の定数（社会福祉法第16条）**

| 設置主体 | 配　置　基　準 |
|---|---|
| 都道府県 | 被保護者が390世帯以下なら6名<br>65世帯増えるごとに1名追加 |
| 市 | 被保護者が240世帯以下なら3名<br>80世帯増えるごとに1名追加 |
| 町村 | 被保護者が160世帯以下なら2名<br>80世帯増えるごとに1名追加 |

**POINT**

**ケースワーカーの仕事は、法律で決められた
「困っている人を援助する」仕事。**

# 3 | こんなにいっぱい、ケースワーカーの仕事

## ✓ 具体的にどんな仕事をするの？

　生活に困っている人たちを援助するケースワーカーの仕事。ここでは、「具体的にどんな仕事をするの？」という援助の内容を紹介します。

### 福祉事務所での面接相談・保護の要否判定

　来所された方の相談に応じ、生活保護制度を含む施策、制度を説明します。生活保護申請を受け付ければ、その要否を調査します。

### 家庭訪問と助言

　被保護者が暮らす家や施設、入院先の病院などを、年に数回訪問します。生活状況を確認しながら、面接を通じて被保護者に仕事探しや子育て、普段の生活状況の改善など様々な助言をします。

### 保護記録の作成

　家庭訪問の記録だけでなく、その被保護者に対して福祉事務所、ケースワーカーがどんな支援をしたかを記録します。担当するケースワーカーが変わったとしても、一貫した支援を行うために大切な資料です。

### システムへの入力（生活保護費の算定）

　被保護者の生活の基盤となる生活保護費を正しく支給するために、働いて得た給与収入や年金などの収入の変化を、時には一時的な扶助（生活保護費）の支給などをシステムに入力して生活保護費を算定します。

### 調査、情報収集

　保有資産、扶養義務者の有無、通院状況といった被保護者から申請された内容が正しいか、公的機関や金融機関などに調査を行います。

## ✔ えっ？　こんなこともやるの？

　援助の方法は、担当する被保護者、世帯の状況に合わせて決めます。被保護者の状況は様々で、援助の方法も色々なので、なかには「こんなこともやるの？」という仕事もあります。ここでは、私が経験した仕事の一部を紹介します。

### 夕飯の買い物ついでに家庭訪問

　アルコール依存症を抱えているAさん。生活保護費を受け取るとついついお酒を買ってしまうので、支給日は一緒にスーパーへ。米や缶詰など保存の効くものを買って、そのまま家庭訪問もやってしまいました。

### 就職面接に同行してやる気をアピール

　長期間引きこもっていたため、就労経験がないBさん。初めての面接の前日、汗がダラダラで弱気になっていたので、一緒に面接の場に座ることに。私もちゃっかりBさんのやる気をアピールしました。

### 警察の取調室で延々と1円玉を数える

　自宅で亡くなったCさん。警察が押収した所持品の引き取りをケースワーカーに依頼してきました。焼酎の大きなペットボトルに貯めていた1円玉の枚数を確認するように求められ、取調室を借りて1時間以上かけて行いました。

　このように定型化された業務だけでなく、ケースワーカーの判断で援助の方法を変えられるのもこの仕事の魅力でしょう。皆さんも、自分らしい援助の方法をみつけましょう。

---

**POINT**

やり方がきちんと決められた仕事も、そうでない仕事も、
柔らかい頭でそれぞれに合った援助を考えよう。

# 4 | ケースワーカーの一日

## ✓ 全国研修会でびっくりした仕事の仕方の違い

　以前、ケースワーカーの全国研修会に参加したときに、他の自治体の
ケースワーカーとお互いの仕事について話す機会がありました。そのと
き、聞いた話で一番びっくりしたのが、「同じケースワーカーでも、一
日の仕事での時間の使い方がこんなにも違う」ということです。

　例えば、私が勤務していた大阪市東淀川区は、大阪市の北東部、淀川
の北側で新大阪駅の東側と、比較的住宅地の固まったエリアです。当時
はケースワーカーひとりあたり100世帯ほどの生活保護業務を担当して
いて、毎日のように１時間から２時間くらい徒歩や自転車で家庭訪問を
して回り、一日に数世帯の被保護者と面接をしていました。

　しかし、ある県のケースワーカーに聞いてみると、「家庭訪問は夏の
間にまとめて全世帯行います。」と私と全く異なっていました。理由を
尋ねたところ、「いや、冬になると雪で覆われて、家庭訪問ができない
ところがあるんですよ。」とのことでした。

　このように、地理的な条件などにより、別の仕事の仕方が存在しま
す。自分の自治体に合ったスケジュールを組むために、先輩ケースワー
カーの年間予定や繁忙期を聞いてみましょう。

　本書では、都市部と郊外の自治体のケースワーカーそれぞれに尋ね
た、家庭訪問を行った実際の一日の仕事の流れを紹介します。

　同じように見えても異なるケースワーカーの一日で、これから始まる
皆さんの仕事のイメージをしてみましょう。

## 都市部自治体のケースワーカー I さんの一日

| 9:00 | **家庭訪問準備** 今日は午後から家庭訪問の予定。約束している時間がバラバラなので、その間の時間を埋める家庭訪問先をいくつか選ぶ。 |
|---|---|
| 9:20 | **翌月の生活保護費算定のための入力作業** 3か月ごとに提出される収入申告書を見て、慎重に金額を入力。 |
| 10:30 | **電話対応** 被保護者のAさんから電話。用が無くてもたまに電話をかけてくる。最初は、聞きながら入力作業を続けていたが、途中であきらめて会話に付き合うことに。 |
| 12:00 | **昼休み** 電話が長引き、入力作業は終了せず。家庭訪問から帰ってきてから再開することにして、弁当を出して昼食。 |
| 13:30 | **家庭訪問** Bさん宅で求職活動の状況を聞く。子どもの世話を理由にハローワークに行っていない様子。保育園に預けているのだから、仕事を探すように話すも不満げな顔。 |
| 14:00 | **家庭訪問** 予定していなかったCさん宅へ行くが、留守の模様。不在時の連絡票を入れておく。このアパートは被保護者が多いので、Dさんも尋ねるがこちらも留守。 |
| 15:30 | **家庭訪問** Aさんが気になったので家に寄ると、お酒を飲んでいて、話が長引く。通院するように注意する。 |
| 17:00 | **訪問記録** 事務所に帰ってきて、訪問記録を作成。 |
| 17:30 | **訪問記録、算定の入力作業の残り** 定時のチャイムが鳴る。訪問記録は明日に回してもよいけれど、午前中に残した入力作業の締切が今日までなので、やむなく残業することに。 |
| 19:30 | **業務終了** 時間外だけれど、なんとか入力も期限に間に合った。家庭訪問の記録は明日に書くこととして、今日の業務は終了。 |

## 郊外自治体のケースワーカー M さんの一日

|  |  |
|---|---|
| 9:00 | **打合せ** 今日は先輩ケースワーカーと家庭訪問なので、お互いの予定を共有。 |
| 9:30 | **家庭訪問の情報共有** 家庭訪問に公用車で出発。車内では先輩と今日訪問する世帯の課題などを話す。 |
| 10:00 | **家庭訪問** 自身が担当する被保護者宅に到着。通院や求職活動の状況を聞き取る。先輩が隣にいてくれて、尋ね漏らしがないかを確認してくれているので安心して面接できる。 |
| 12:20 | **昼休み** 少し予定時間をオーバーしたけれど、自身の担当地区6世帯の家庭訪問を終了。先輩がおすすめの定食屋さんで昼食。個人情報を気にしてか、ここでは普通の会話も少なく、お互い無口になるのがおかしい。 |
| 13:00 | **家庭訪問準備** 午後は先輩の担当地域の家庭訪問。運転を代わって、先輩は助手席でメモを見ながら、面接する世帯の情報を確認中。 |
| 13:20 | **サポートとしての家庭訪問** 先輩のサポートとして面接に同席する。普段話しているときとは違う口調で、被保護者から話を聞き出す先輩の面接は、横に座って聞いているだけでも本当に勉強になる。 |
| 16:30 | **電話対応** 事務所に帰ると、不在中にあった電話のメモが貼ってある。T病院からEさんの退院後のことについて、ケア会議がしたいとのこと。公用車の使える日で日程調整。 |
| 17:30 | **訪問記録** 定時のチャイムが鳴って、少し休憩。あまり残業はしたくないけれど、訪問記録はやはりその日のうちに書き上げたい。コーヒーを買ってきて、もうひと頑張り。 |
| 19:30 | **業務終了** 訪問記録を書き上げて退庁。おつかれさま。 |

## ✓ 場所によってケースワーカーの一日も違う

都市部自治体のケースワーカーⅠさん、郊外自治体のケースワーカーMさん、ともに、家庭訪問をして、少し残業をした日の一日を見てみました。いかがでしょうか？　どちらの例も実際にあった出来事です。

都市部自治体のⅠさんは、担当している地域は自転車で回ることができるくらいの広さなので、一日にまとめて何世帯も一人で家庭訪問をします。担当している世帯数も多く、家庭訪問に行っている間に、被保護者が来庁していて、事務所に帰ってくるとその対応に追われることもしばしばです。家庭訪問だけではなく、生活保護費の算定のための月々の入力も件数が多くて大変だと話していました。

Mさんが勤務するのは主要な産業が農業の郊外自治体です。担当している地域の範囲は広く、家庭訪問は車でないと行けません。課の公用車は台数が限られているので、家庭訪問は同僚のケースワーカーと日程を調整して一緒に回るようにしています。先輩ケースワーカーと家庭訪問に行くと、その道中で仕事のアドバイスをもらえたり、面接テクニックを間近で見られたりするので、自分の仕事をしながら実地研修を受けているようだと話していました。

同じケースワーカーという仕事で、同じく家庭訪問を行う一日でもその中身は結構な違いがあります。毎日ではありませんが、対人業務なので、就業時間のコントロールが効かず残業する日もあります。

それでも、その日にどういう仕事をやるのかをケースワーカー自身で決めることができるので、業務の種類やその期限を知れば、うまく働きやすいリズムを整えることができるでしょう。

> **POINT**
> **同じケースワーカーでも仕事のリズムはそれぞれ。
> 働きやすいリズムを整えよう。**

# 5 | 生活保護って どういう制度?

## ✓ 被保護者を総合的に手助けする制度

　生活保護制度とは、憲法第25条に定められた「健康で文化的な最低限度の生活を営む権利」を実現するために、生活保護法に基づいて決められた制度です。

　様々な理由で生活が苦しくなり、どうにもこうにもならなくなった世帯に対して、その困っている状況や程度に応じて生活保護費を支給して経済的に生活を保障したうえで、自分自身の力で生活ができるように手助けをします。

## ✓ 生活保護には8つの種別がある

　生活保護の扶助には次の8つの種別があります。

**生活扶助**　衣食、光熱水費など日常生活に必要な費用

**教育扶助**　義務教育を受けるために必要な学用品、給食費などの費用

**住宅扶助**　家賃、地代や住宅の修理などの費用

**医療扶助**　医療費

**介護扶助**　介護保険法による介護サービスを受けるための費用

**出産扶助**　出産に関する費用

**生業扶助**　生業(仕事)に必要な資金、器具又は資料、技術の修得に必要な費用。高校就学にかかる費用

**葬祭扶助**　被保護者が死亡した時に必要な葬儀費用

## ✓ 生活保護を受給するまでの流れ

　生活保護は、原則的に本人の意思による申請行為（事情により本人が申請できない場合、親族などからの手続き代行も可能）が必要です。

　申請に基づき、家庭訪問や各種調査を行います。主にここで確認するのは、申請があった世帯が経済面で困窮に至っているかという点です。大まかに言うと、その世帯が一か月暮らしていくのに必要な生活費（国が定めた基準。「最低生活費」という）と実際に世帯が得る収入を比較して、収入が少なければ生活保護を適用することになります。

　その際、預貯金、土地や家屋、高価な貴金属のような資産価値のあるものは生活費にあてなければなりません。また、親族から援助を受けることができれば受けてもらい、年金、失業給付金など他の法律や施策を活用できる場合は、生活保護よりも優先して行う必要があります。

　このとき気をつけなければいけないのが、家屋や貴金属など即換金して生活費にあてることができない資産をもって、申請を却下してはいけないということです。この場合、資産活用を前提に保護を一旦適用し、活用できるようになった段階で、保護費を返還してもらいます。

　生活保護というと各種年金や給付金のように「現金（＝生活保護費）が支給される」という経済的な援助に目が行きがちです。ですが、生活保護制度は、単に経済面だけではなく、その他の要因といった面にも目を向けて、どうすれば被保護者の生活を改善することができるのかを考えて総合的に手助けするところが、他の制度とは決定的に異なっています。

　その理念を実現させるのがケースワーカーの仕事です。

**POINT**

### 生活保護は、経済的な支援と
### ケースワーカーの手助けが加わる、特別な制度。

# 6 | 生活保護費は どう決められている?

## ✓ 生活保護費の算定方法

　生活保護は最低生活費と収入を比較し、収入が低いときに適用になります。では被保護者に支払われる生活保護費は、どのように決められるのでしょう。毎月の生活保護費は、8つの扶助のうち、経常的に必要になる生活扶助、教育扶助、住宅扶助の「基準額」を積み上げたものから、その月の「収入（就労控除などの控除額を差し引いた額）」との差額が被保護者に支給される金額になります。

### ➡ 一か月の扶助基準額と収入との関係

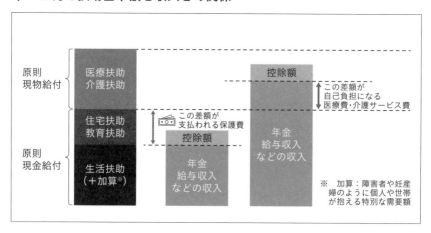

　基準額とは、一か月の生活費、教育費、住宅費などの費用を計算したものです。なお、毎月必要な費用と言えば医療費、介護サービス費も同じですが、この二つは医療扶助、介護扶助として原則現物給付される

（直接病院や施設に支払われる）ため、その月に現金支給されるものがなければ、支給される生活保護費の算定には使われません。

## ✓ 数か月に一度給付される収入はどう扱うの？

　収入となる年金や児童手当など、数か月に一度給付されるようなものがありますが、これらはその月に一度に収入として認定するのではなく、給付された月から次の支給月まで分けて収入認定します。

## ✓ 収入が基準額を上回ったら生活保護は廃止になる？

　収入が増え、収入額の合計が生活扶助、教育扶助、住宅扶助の基準額を超えた場合、支払われる生活保護費はゼロになります。

　しかし、現物給付になる医療扶助、介護扶助も基準額に含まれます。そのため、その月に医療費や介護サービス費がかかった場合、被保護者の手に現金は入りませんが、医療扶助、介護扶助として生活保護費が支給されていることになります。そのため生活扶助、教育扶助、住宅扶助の基準額を超えてかかった医療費、介護サービス費は医療扶助、介護扶助の自己負担額として被保護者が支払うことになります。なお、この際の費用は医療保険や介護保険を除いた負担額全てになります。

　収入が全ての基準額を超えた場合でも、即生活保護が廃止になるのではなく、その状態が概ね6か月以上続くと見込まれるときに生活保護を廃止し、それ未満の短期的な収入の変化であれば、その期間のみ生活保護を停止する取扱いになります。

**POINT**

**生活保護費の現金支給がなくても、
生活保護を適用することがある。**

# 7 | 私が出会った、そして あなたが出会う被保護者

## ✓ 「被保護者」とはどう接する？

　被保護者の中には、ケースワーカー自身が経験も想像もしたことがない背景を持つ人がいます。私が初めてケースワーカーになったのは25歳のときでした。担当した被保護者のほとんどは自身よりも年上で、両親や祖父母くらいの年齢の人もいました。

　そういった被保護者と接することになったとき、私は自身の乏しい人生経験から、両親や祖父母と接するときと同じように話してみたり、年齢の近い方には学生時代の同級生や先輩・後輩関係のように親しみをもって行動してみたりと試行錯誤しました。ですが、なかなか思ったとおりの関係性を築くのは難しいように感じました。

　考えてみると、家族や友だち、同僚として普段から接する人と違って、ケースワーカーとして出会う被保護者は、それぞれの生活に添ったもっと深い話をしたり、相談にも応じたりする相手です。家族や友だちと同じように接することができなくても当たり前ですが、皆さんも最初は戸惑うことも多いでしょう。

　それならば被保護者には特別な接し方をしなきゃいけないかな？　と思うかもしれませんが、まずはフラットに「色々な人がいるなぁ」と感じて接することをおすすめします。例えるならば、学校の新聞部の部員として、インタビューするような感じでしょうか。あなたが今までの経験で知っていることも、知らないことも、取材対象である相手の言葉を聞いて感心したり、驚いたりと、そんなところから始めてみませんか。

そうすることで、被保護者と同じ経験はできなくても、「なるほど、そういうこともあるかな」と思えるようになれば、少しだけ戸惑いも少なくなることでしょう。ここでは13年8か月のケースワーカー経験の中で私が出会ったたくさんの「被保護者」からの一例をご紹介します。

## ✓ アルコール依存症を抱えたTさん

被保護者の中には、アルコールや薬物、ギャンブルなどの依存症を抱える人もいます。若い頃に離婚を経験し酒量が増えアルコール依存症を抱えることになったTさんもそのひとりでした。

Tさんは、かなり年下の私のことを「山中先生！」と呼びかけるので「先生違う」とやり取りするような憎めない人柄でしたが、お酒を飲んでは生活保護費の前借りを訴えてきたり、毎日のようにケースワーカーに電話をかけてきては長時間拘束したりする「困り者」でした。先週の訪問から今日までの生活状況を聞きたいと思っても、症状が出ているときには、若い頃はしっかりやっていたという話が始まってしまい、ようやく先月の話になったと思ったらまた若い頃の話に戻ってしまって、まだ話が続くのか、とがっかりさせられるということがよくありました。

他の被保護者の対応もしないといけないのに、と思うこともありました。ある日、あきらめて最後まで付き合ってみようと思い、机の書類を片付けて、Tさんの方から電話を切るまで話をしっかりと聞くことにしました。何度も聞いた話に「へぇ」とか「そうなんだ」と相づちをうっていただけでしたが、Tさんが泣きながら話しているときに「あぁ、Tさん、さみしいんだな」と分かった気がしました。この日よりも前に電話の向こうで泣いて話していたこともあったはずですが、気持ちをフラットにして相対したことで分かった感情でした。

担当を外れてしばらくして事故で亡くなったと聞いたときはさみしく思いました。

## ✓ ひとり親世帯のSさん親子

　ケースワーカー自身が親になっていないうちに、子どもの相談を受けることもあります。中学生の娘との二人暮らしのSさんは、離婚後、元夫が養育費を支払わないため、働きに出るものの、自身のアルバイト収入だけではやっていけず、生活保護を受給することになったひとり親世帯でした。

　Sさんは家庭訪問をする度に、「頑張って生活保護を受けないですむようになりたい」とパート勤務の時間を長く取ろうとしたり、もっと収入の多い仕事を探したりするような人で、ケースワーカーにとっては指導しなくてもすむ、言葉は悪いですが「楽」な被保護者でした。

　ある日「相談があるんです」と暗い顔でやってきたので、面接室で話を聞くと、娘が妊娠したとの内容でした。私自身は20代で、周囲にそういった経験を持った人もおらず、何をアドバイスすれば良いか分からず、パニックになってしまいました。娘さんと面接をさせてほしい、相手の男性も連れてくるようにといった対応をしたように覚えていますが、Sさんはうつむいてしまうばかりでした。

　子どもの養育は親の責任だとか、中学生相手に父親になる男性は何を考えているんだ！　という感情が態度に出てしまっていたのでしょう。生活保護からの自立を考えていたSさんへの影響も考えた発言でしたが届きませんでした。

　今となっては、フラットにSさんと一緒に悩めば良かったなと思います。悩んで分からないことを娘さんが心を開きやすい同性の先輩ケースワーカーや保健所の保健師に相談する方法もあったでしょう。

## ✓ ひとり暮らしの高齢者Mさん

　高齢のひとり暮らしの方との面接、家庭訪問はある意味「癒し」の時

間になることがあります。

　私の祖母と同じ年齢だったMさん。単身の高齢世帯で、特に大きな病気などを抱えていないMさんへの家庭訪問は、何か尋ねることがあるわけではなく、「お元気ですか？」「何か変わったことはありませんか？」といった問いかけになりがちでした。

　家庭訪問をすると、Mさんは紅茶を出してくれるので、そのたびに「いや、もらうわけにはいかないんですよ」と言っていました。毎回毎回そのやり取りを繰り返していると、さすがに申し訳なくなり、ある日の家庭訪問で紅茶をいただいたら、それがとてつもなく甘くて「甘いっ！」って叫んでしまいました。Mさんは私の反応に少し笑みを浮かべながらも、真剣な顔つきで、戦中、戦後に砂糖の甘さがどれだけ嬉しかったかという思ってもみなかった話をしてくれました。

　通常のMさんへの家庭訪問は長くても20分といったところでしたが、その日はフラットな気持ちでMさんの話を聞いていたら、1時間以上もの滞在になってしまいました。その日の訪問記録には、Mさんの話してくれた戦中、戦後の話は少しだけ書きました。

　肉親ともしない話を、被保護者と話すという経験は、毎回のケースワーカーの業務で行い得るのかというとそうではありません。しかし、この時間を通じて、Mさんという被保護者を少しだけでもより深く知ることができました。


　新しくケースワーカーになったあなたはどんな被保護者に出会うでしょうか。フラットな気持ちでケースワーカーの仕事をスタートさせましょう。

**POINT**

**生活保護現場では、色々な背景と色々な考えを持った、たくさんの人に出会える。**

# 8 | 目指すは 「沿道のサポーター」

## ✓ ケースワーカーは「先生」になってはいけない！

　社会福祉法第15条第4項で、現業を行う所員（＝ケースワーカー）の仕事は「保護その他の措置の必要の有無及びその種類を判断し、本人に対し生活指導を行う等の事務をつかさどる。」とされています。また、生活保護法第27条の2でも、「要保護者からの相談に応じ、必要な助言をすることができる。」となっています。

　つまりケースワーカーの仕事のひとつに、被保護者への助言・指導があるというわけです。しかし、どのようにすればいいでしょうか？

　助言・指導といった言葉を聞くと、先生や監督、コーチといった立場を思い浮かべるかもしれません。ですが、ケースワーカーが行う助言・指導は、それらの職業、立場からのものとは違っています。

　特に福祉的な知識が少なく、初めてケースワーカーの仕事に触れることになった人に求められるのは、先生のように「教える」のではなく、「要保護者からの相談に応じる」受ける立場のスタンスです。つい、助言・指導ということで上から目線になってしまいがちですが、注意して「受ける」意識を持ちたいところです。

　生活保護での助言・指導は、被保護者の生活全般に及び、非常に多岐にわたります。たとえ福祉職として採用された職員であっても、被保護者からの相談は福祉の知識の範囲には止まりません。被保護者が年上だったり様々な経験を持つ人であったりすれば、相談の内容が全く理解できないこともあるでしょう。ケースワーカーは回答を持つ先生ではな

いからこそ、常に一緒に考える相談相手としての姿勢を持つべきです。

## ✓ 被保護者に「寄り添う」とはどういうことか

　被保護者を含む福祉的なサービスを受けている方に対して、援助する立場の人の心得としてよく言われる言葉に「対象者に寄り添って」というものがあります。

　この「寄り添って」という言葉も、初めて福祉現場で働くことになる人にとっては難しく思えることかもしれません。どのくらいの距離感で被保護者に接すればよいのだろうか、「寄り添って」というくらいだから、手を取って一緒に歩くような感じなのだろうか、できる限り相手の希望に添った形に持って行けるようにしてあげないと……と悩みますよね。

　「寄り添う」距離感をどう取るかと言われたら、マラソンや駅伝の「沿道のサポーター」のような距離にいるというのはどうでしょう。駅伝のコーチのような「頑張れ！」ではなく、沿道から「頑張れー」と声をかける。技術的なアドバイスはできなくても、ケースワーカーの言葉が、被保護者の走る力になる距離感を目指しましょう。私たちの仕事では数年おきに異動があり、今はケースワーカーでもまた違う仕事に就くときがやってきます。担当する地区の変更もあり、一人の被保護者の担当である期間は長くて数年でしょう。被保護者の人生のほんの数年に、教育的な立場で助言・指導したとしても、何かを劇的に変えることは難しいでしょう。被保護者が何か悩んだときに、相談先のひとつとして思い浮かべて連絡してみようと思える距離にいられるといいですね。

> **POINT**
>
> ### ケースワーカーは長い人生を走る
> ### 被保護者を応援する「沿道のサポーター」。

# 福祉経験なしで
# ケースワーカーになった僕の経験

滋賀県某市・元ケースワーカー・Yさん

**異動したときのことを教えてください**

　新人で、新築家屋の評価を税務課で３年間担当して、特に異動先の希望は無かったのですが、最初の異動で生活保護のケースワーカーになりました。異動が決まったときに周りの先輩から「大丈夫か？」「大変やなぁ」と心配されたのを覚えています。同じ時に異動した人の中で私だけが福祉現場を未経験で、少しアウェー感を感じました。

　ケースワーカーについて最初に体験したことで強く覚えているのは、「におい」です。不衛生で体臭の強い被保護者、部屋の片付けができずゴミ屋敷になっている家、外国人の被保護者が夕食に作ろうとしていた料理。今まで自分自身が接したことのない「におい」を感じたときに、これは簡単な仕事じゃないぞと気を引き締めました。

　実際に私が担当する被保護者は、生活保護を受けるまでに様々な背景を抱えていて、人を信じることができなくなっていて話を聞いてくれない人や、無気力な人、乱暴な言動の人、生活保護を受けたくないという人もいました。そのためより良いコミュニケーションの形を見つけるのが難しかったのを覚えています。

**福祉未経験の新人ケースワーカーにアドバイスをするとしたら？**

　「プライドはいらないので、抱え込まない」ってことですね。

　最初は自分自身でなんとかしないと、と思っていましたが、先輩、後輩、他課の職員に相談することの大切さを知りました。そのおかげで色々なつながりができて、今でも役立っています。

> **ひとくち memo**
> 今まで接したことのない人を「におい」で知ったというYさん。
> 分からないことをとにかく聞くという姿勢はとても大切です。

CHAPTER **2**

# ケースワーカー
# 最初の一歩
# 〜生活保護の基礎知識〜

# 1 | 担当地区が決まったら、まず最初にやっておくこと

## ✓ 町を歩けば目線が変わる

　ケースワーカーになると担当地区や、担当する被保護世帯が決まります。担当が決まったとき、最初に何をすればいいでしょうか？

　前任のケースワーカーと一緒に担当者引継ぎを兼ねて家庭訪問をしたり、新人ケースワーカーに向けた研修などを受けたりということもありますが、まずは、皆さんが担当することになった地区を歩いて、その町の雰囲気を感じたり、どんな物があるのかを見てみたりしましょう。

　地方自治体に勤める公務員とはいえ、勤務先の自治体で暮らす職員は意外と少ないものです。2012年に行われたある調査では、政令市・中核市及び三大都市圏内都市自治体で、勤務先の同一市内に在住する職員の割合が80％を超えた自治体は17.8％でした（稲継裕昭「自治体職員の地域活動等への参画の意義と課題」『都市とガバナンス』Vol.17、（公財）日本都市センター）。

　担当地区を決めるときに、ケースワーカー自身が暮らしている地域を担当させることはほぼありません。そのため勤務先の庁舎や仕事に関係する施設の周囲は歩いたことがあっても、ほとんどの場合は、担当する地区は皆さんがあまり知らない町になるでしょう。

　そんな町を、あまり余計なことを考えずに歩いてみましょう。被保護者の家庭訪問だと、周りを眺めている余裕はありませんが、ここではゆっくりと散歩してみてください。都市部なら小さな脇道を入ってみるのもいいかもしれません。地図で確認するのとは違って、自分の担当地

区、町をぶらぶらと歩いてみると目線が変わってきませんか？

## ✓ 被保護者が暮らす町のことを知ろう

　生活保護で支給される住宅扶助（家賃などの住宅費）は上限が決められています。そのため、公営住宅などの家賃が比較的安いところでは無い限り、持ち家に住んでいない被保護者が居住できる物件は条件があまり良くないところが多くなります。

　生活者視点で町を歩いてみると、例えば日用品はどこのスーパーや商店街で買うのか、駅やバス停など交通の便はどうか、子どもたちが遊ぶ公園などは近くにあるか、居酒屋や歓楽街などの様子はどうか、そんなことがふっと気になってきます。

　町を歩いてみることで、自分自身がその地域に住むとしたらどんなところが便利で、どんなところが不便なのかを「なんとなく」肌感覚で知ることができます。この「なんとなく」が意外と大事で、まだ掴み所がないケースワーカーの仕事を、自分の側に少し寄せることができます。

　これから始まるケースワーカーの仕事の中で、皆さんは被保護者から色々な相談を受けて、色々な会話をすることになります。被保護者の年齢、性別、家族構成は皆さんとは異なるので、相談を聞いてもピンとこないこともあるでしょう。被保護者が暮らす町のことをあらかじめ少しでも知っていることで、会話の糸口を掴めたり、被保護者の暮らしの目線で何に困っているのかなどどう援助すれば良いかが見えてきたりするのではないでしょうか。

　さあ、あなたの担当地区を歩いてみましょう。

**POINT**

### 担当地域を歩いて、
### その町の暮らしを知ろう。

# 2 保護記録を読むことから 始めよう

## ✓ 被保護世帯の保護の経過が収まった「保護記録」

　担当する被保護世帯の保護記録(「ケース記録」と呼ぶこともあります)を読んでみましたか?

　あまりにもたくさんある保護記録に呆然としませんでしたか?

　生活保護を受けている間、被保護世帯に行った助言や指導などは、その経過を記録として残します。担当する被保護世帯のことは、この保護記録を読めば多くを知ることができます。ですが、ひとりのケースワーカーが担当する世帯は標準でも80世帯とかなり多く、また生活保護期間が長い世帯になると5年や10年にも及ぶこともあります。

　私の勤務している大阪市では、A4サイズの冊子に世帯の概要、各種の申請書類や決定資料などを綴じていました。長期間生活保護を受けている世帯になると、一冊では綴じきれず複数の冊子になっていることもありました。この冊子そのものを保護記録と呼ぶこともあります。そんな膨大な保護記録、どこから読み始めるのが良いでしょうか?

## ✓ まずはきっかけをざくっと掴む

　保護記録を開くと、最初に綴じられているのはその世帯の概要です。世帯の住所、世帯主と世帯員の名前、性別が、学生であれば通学している学校の名前が、時にはその人が治療中の病名や抱えている障害などが記載されています。

その次には当初に生活保護を申請したときの申請書類や決定書類が綴じられています。ここでまず確認したいのが、保護申請時の面接記録や初回の家庭訪問の記録です。

　そこにはその世帯が「**どうして生活保護を申請することになったか**」が書かれています。生活保護を受けることになった原因を知れば、その世帯が自立するための課題は何かを知ることができます。きっかけをざくっとでも掴むことで、今は世帯の状況や課題が変わっていても、あなたが担当するまでの生活保護が与えた影響も感じとることができます。

## ✓ 次に世帯の今を知る

　次に、直近の家庭訪問についての保護記録を確認しましょう。時間があれば遡って読み進めても良いのですが、概ね６か月前までの記録を読めば充分です。

　生活保護では世帯の状況に応じて家庭訪問を行うことになっており、少なくとも年に２回以上訪問することとされています。つまりここ６か月分の記録を確認すれば、一度は家庭訪問をした記録があるはずです。

　直近の家庭訪問の記録は、この世帯の「今」を知ることができます。最初に読んだ申請時の状況とどのような変化があるのか、今どんなことを相談されていて、前任のケースワーカーはどのような対応をしたのかということを確認して、これから皆さんが担当する援助、支援への参考にしてください。

　ここ６か月の家庭訪問の記録がない場合は、他の世帯と区別して早い内に家庭訪問を行い、世帯の「今」を把握しましょう。

**POINT**

**担当する世帯の生活保護を受けるきっかけと今を掴もう。**

# 3 | 読むなら生活保護手帳 よりも別冊問答集

## ✓ 生活保護手帳と別冊問答集とは

　おそらくどのケースワーカーの机にも置いてある生活保護手帳と生活保護手帳別冊問答集（中央法規）。

　ケースワーカー必携のこの2冊ですが、「手帳」というにはあまりにも分厚すぎます。かつて私が勤務する大阪市役所の地下倉庫に保管されている昭和40年代の生活保護手帳を見たことがありますが、その頃のものは「手帳」と呼んでも良い厚さでした。生活保護制度は昭和25年から70年以上続いています。社会状況の変化やそれに伴う制度変更や法令解釈の追加などが生活保護手帳や別冊問答集に書き加えられ、この厚さになっていると考えると、手帳の厚さにも制度の重みを感じます。

## ✓ 読むなら対応実例が満載の別冊問答集

　どちらも大切な資料ですが、ケースワーカーになったばかりの皆さんは、生活保護手帳よりも別冊問答集を先に読むとよいでしょう。

　生活保護手帳別冊問答集は制度を運用していく中での法令解釈などを疑義問答の形で収めた書籍です。一方、生活保護手帳は、法令や通知、生活保護の基準などを収めた書籍です。別冊問答集は生活保護手帳のように法令文などをそのまま収録するのではなく、被保護世帯からの具体的な相談のような事例を質問として例示して、それに答えを返す一問一答の形で掲載されています。

そのため、生活保護手帳で関係法令・通知文をそのまま読むよりも圧倒的に読みやすく、個々の事例としては判断の難しいものであっても平易に読み進めることができます。例えば、その質問が皆さんの担当する被保護世帯から寄せられた質問だと想像して回答を読めば、難しい事例を鮮やかに解決するベテラン・ケースワーカーになったかのように感じられます。ある種、相談援助のイメージトレーニングが可能です。

　多くの疑義問答が収録されているので、特にどこからというのではなく、時間が空いたときに無作為に本を開いて、そこに書かれている問答を読むというだけでも勉強になります。

## ✓ 関係法令・通知をたどり、深く理解する

　生活保護手帳別冊問答集に収録されている疑義問答の回答は、その回答の根拠となる関係法令や通知への参照が回答のあとに記載されています。参照先の情報のほとんどは生活保護手帳に収録されているので、容易に詳細を確認することができます。

　別冊問答集の疑義問答を読んで、気になった項目があればこの参照をたどって、疑義問答の元になった関係法令・通知を読みましょう。そうすれば、各種の法令・通知をそのまま読むよりも、疑義問答集に記された事例と紐付いて読むことができるので、深く制度を理解することができます。

　興味を覚えた項目から別冊問答集を開き、そこから生活保護手帳やその他関連資料を読み込んでいくという方法を、ぜひやってみてください。

**POINT**

**別冊問答集は新人ケースワーカーのための
イメージトレーニング・ツールとして使おう。**

# 4 | 生活保護手帳の使い方

## ✓ 生活保護手帳は事典のように使う

　新人の頃、分からないことを先輩ケースワーカーに尋ねると、「(生活)保護手帳をよく読み込め」と言われました。当時は、そう言われると、「分からないから聞いているのに、どうして教えてくれないのだろう」と思い、分厚い生活保護手帳にうんざりしながら本を開いて、答えを一生懸命に探していました。

　今になると、なぜ先輩が生活保護手帳を読み込めといったのか、なんとなくは分かるのですが、やはり「読み込む」では生活保護手帳をあまりうまく使うことができないように思えます。

　生活保護手帳は「読み込む」のではなく、事典のように「引く」という使い方をするのが良いでしょう。950ページを超える分量のうえ、収録されているのが生活保護に関係する法令や通知なので、堅めな文章が多く、冒頭から全てを読み込むのはベテラン・ケースワーカーでも大変です。「引く」を覚えて、保護手帳をうまく使いましょう。

## ✓ 生活保護手帳の引き方

　生活保護手帳は、冒頭に生活保護法、同法施行令、同法施行規則などの基本的な法令や保護の基準、地域の級地区分が掲載されています。

　主に「事典」として使用するのは、その後の「保護の実施要領」と個別に目次も掲載されている収録内容です。

被保護者から相談を受けたとき、分からないことがあれば、その内容をピンポイントで保護の実施要領の目次ページから該当項目を引いて確認します。保護の実施要領以降のページは通知文をそのまま掲載するのではなく、関連項目ごとに小分けにして複数の通知文をまとめてあります。また、一般的に「課長問答」と呼ばれる通知文の解釈を実例で説明する疑義問答（[問答]）もあわせて掲載されているので、調べたいことをまとめて確認できます。

## ✓ 「すぐに答えて」と言われても調べて答える

　被保護者から相談を受けたとき、「すぐに答えて」「早く教えて」と言われることがあります。

　分からないことを尋ねられるとどうしても慌ててしまいますが、皆さんはぜひ慌てずに「私も分からないので、調べて答えます」と伝えてください。

　ケースワーカーが行う決定行為は、全て生活保護法を始めとする各種法令に基づいた確かな根拠に基づいて行われなければなりません。ケースワーカー個人の感覚や経験で、曖昧な答えを返してしまえば、被保護者は不安に思うでしょう。相談には、臨時的な生活費となる一時扶助の支給決定に繋がるものなど、誤った決定が許されないものもあります。

　分からないことは慌てずに、生活保護手帳を何度も引くことを繰り返して確認することがベテラン・ケースワーカーへの一歩です。

**POINT**

### 分からないことは慌てず、
### 生活保護手帳を事典として使って調べよう。

# 5 | ケースワークの基本、「生活扶助」を理解しよう

## ✓ 生活扶助は生活保護費の基本

　生活保護費は原則的に現金で支給されますが、医療扶助や介護扶助のように、被保護者は診療や介護サービスを受け、その費用は医療機関や介護施設に直接支払われる「現物支給」で支給されるものもあります。

　月々の生活需要を満たす経常的最低生活費のうち生活扶助は、同じ生活保護費の中でも、教育費や住宅費、介護サービス費といった特定の費用にあてられる他の扶助と異なり、使用用途などは基本的には制限されていません。単に生活保護費というと、この月々の生活扶助の支給額だと思っている被保護者もいますが、生活扶助は生活保護費の一部であることに注意が必要です。

## ✓ 生活扶助を算出してみよう

　生活扶助は世帯構成や居住地によって決められている基準額を積み上げて算出します。令和３年現在、直近の改定で生活保護費が減少している世帯に対して激変緩和措置がとられているため、複数の基準額を足したり、世帯人数に合わせた逓減率をかけたりと計算式が難しくなっています。

　しかし、生活扶助の基本的な計算方法は、食費や被服費など個人が必要とする生活費（第１類）、光熱水費のように世帯全体で必要とする生活費（第２類）、そして障害者や妊産婦のように個人や世帯が抱える特

別な需要額（加算）を足したものになり、実際に被保護者が受給する生活扶助はここから収入を引いたものになります。

→ 生活扶助のイメージ

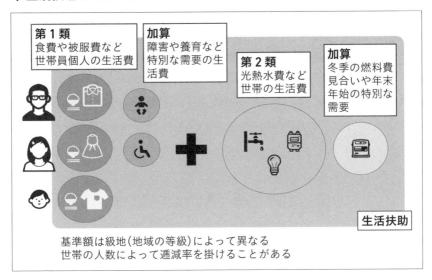

生活扶助を知ることは、法律で保障された「最低限度の生活」を具体的に知る手がかりになります。

今は、どこの自治体も生活保護費の金額は自動で算出され、電卓をたたいて生活保護費を算出するということは少なくなりましたが、ぜひ一度、皆さんが担当している被保護世帯の生活扶助がどう算出されているのかを計算してみてください。実際に算定式を見ながら、担当する生活保護世帯や自分自身の世帯の生活扶助を算定してみると、生活保護世帯の一か月の生活費の目安が具体的に実感できます。

**POINT**

**生活扶助を実際に算出して、**
**生活保護世帯の生活費はどのくらいなのかを掴もう。**

# 6 | ひとりだけどひとりじゃない。あなたを助けるSVの存在

## ✓ SVは単なる上司とは何が違うの？

　福祉事務所にはSV（エスブイ）と呼ばれる人がいます。係長や主査といった役職についていることが多いので、ケースワーカーの上司なんだろうなとは思うでしょうが、どんな仕事、役割でしょうか。

　SVはスーパーバイザー（Supervisor）の略語です。一般的には監督者のような意味がありますが、福祉事務所ではケースワーカーの指導監督を行う職員「査察指導員」を指します。

　査察指導員は昭和26年に施行された社会福祉事業法でケースワーカー7人に対して1人配置することとされていましたが、平成12年に社会福祉法に改正されたあとは配置基準が示されていません。そのため、SVの人数は福祉事務所によってまちまちです。

　SVの具体的な業務は、ケースワーカーの業務の進捗管理やアドバイスを行うことです。SV自身はケースワーカーのように被保護者の援助を担当するのではなく、ケースワーカーを援助、指導します。

## ✓ SVは福祉事務所のお兄さん、お姉さん

　「ケースワーカーを指導監督する立場」と聞くと、一般的な上司、部下の関係と思われ、ちょっと壁を感じてしまうかもしれません。ですが、SVとケースワーカーの関係は、係長と係員といった上司・部下の関係とは少し違います。

SVは社会福祉法でケースワーカーと同じ「社会福祉主事」をもってあてることとされています。そのため、以前ケースワーカーをしていたり、生活保護ではなく児童福祉や高齢福祉といった他の福祉事業の現場で経験を積んだりした人があてられていることが多いです。

つまり、SVの多くは福祉現場の先輩職員です。ケースワーカー業務の難しさや悩み事も知る先輩職員ですから、福祉事務所のお兄さん、お姉さんだと思って、気軽に相談できる関係づくりができればいいですね。

## ✓ あなたはひとりじゃない。SVへの頼り方

ケースワーカーは、被保護者の家庭訪問やアドバイス、各種扶助の決定、関係機関の調査など、ひとりで行うことが比較的多い仕事です。

特に被保護者からの相談への対応は、難しい内容も多く、悩んでしまうことも多いかと思います。

SVは上司だと思っていると、そういったときに相談しづらいと思いますが、お兄さん、お姉さんだと思えば、少しは相談しやすくなるのではないでしょうか。皆さん自身が抱えた問題、自分自身では解決できなさそうな問題はできる限り早い内に相談してみてください。その際、できるだけ皆さん自身が見たこと、聞いたこと、感じたことを伝えるようにすれば、直接、被保護者に接していないSVでも、どこが問題なのかを把握して相談に乗りやすくなります。

ひとりで行う仕事だけれども、ひとりじゃない。SVはあなたの一番側にいる相談役です。

**POINT**

SVは単なる上司じゃない。
福祉事務所の頼れるお兄さん、お姉さん。

# 7 | 3/100 のケースワーク

## ✓ 援助方針と訪問計画を立てよう

　被保護者への援助・助言は、個々の世帯の状況に合わせ、その世帯が生活保護から自立するための課題を分析し、それをクリアするために設定した「援助方針」に基づいて行います。

　この援助方針の設定は年に1回以上行うこととされており、世帯の状況などに変化があれば随時行います。家庭訪問も援助方針に基づいて、どのくらいの頻度で行うのかなどを決められています。

　この援助方針と家庭訪問の計画を立てるのは結構大変な作業です。

　新しく担当ケースワーカーになって前任者から引き継ぐときには、その年の援助方針は決まっていると思います。しかし、それぞれの援助方針を確認して、「よし、しっかりと助言するぞ！」と意気込んでいる人は、少しだけ力を抜いてほしいと思います。

　標準数でも80世帯、現実では100を超える場合もある世帯をひとりで担当するケースワーカーにとって、全ての被保護世帯を最初から均等に支援していくのはあまり現実的ではありません。学校でも、担任教師が担当する児童・生徒は1クラスで35人。ケースワーカーが担当する80世帯や100世帯は多すぎます。最初から全力で仕事をしようとして、キャパオーバーで、結局はそれぞれの世帯への支援が中途半端になってしまっては意味がありません。そうならないために、今の自分自身の力でどうやれば良いケースワークができるのかを考えましょう。

## ✓ 「推しケース」を決めよう

新しくケースワーカーになった皆さんは、まず担当する被保護世帯の中から３ケース（世帯）を選んでください。その選び方は、その世帯を「推せる」かどうかです。自分自身と年齢や家族構成が似ていたり、一生懸命仕事を探しているところが気になったりするなど、「この世帯を応援したいなぁ」という気持ちを抱いた世帯を選ぶのがよいでしょう。

そして、その選んだ「推しケース」について、保護記録を読み、その世帯が抱える課題にまず向き合い、家庭訪問やアドバイスを積極的に行うところから取り組んでみてください。


## ✓ ケースワークは被保護者のためのもの

「『推しケース』なんて不謹慎、優先するなら、稼働年齢層（65歳以下）の就労自立（就職することで世帯の収入が増え、保護が必要なくなること）できそうな世帯ではないか」と思う人もいるかもしれません。

ですが、そもそも被保護者への助言は「要保護者からの相談に応じ、必要な助言をすることができる」（生活保護法第27条の２）もの、指導・指示は「被保護者の自由を尊重し、必要の最少限度に止めなければならない」（同法第27条）ものです。過剰な介入は避けるべきでしょう。機械的な分類よりも、一つ一つの被保護世帯に興味を持って「推す」、そして被保護者が動き出せるように、丁寧に助言したいものです。

初めに3/100ケース、それを4/100、5/100と増やして、どの世帯からの相談にも自信を持って応えられるようになることを目指しましょう。

**POINT**

自分の力を過信しない。まずは3/100の「推し」から
徐々に被保護者の支援を広げていこう。

# ケースワーカーと
# 最適解を一緒に探りたい

大阪市・現SV・Hさん

**最近の生活保護現場は、昔と違いますか？**

　僕がケースワーカーをしていたときと比べて、ケースワーカーの仕事が増えているように感じます。書類の種類の多さもそうだし、決定にあたって踏む手順もそうです。マニュアルなども充実していますが、担当している世帯数はそれほど変わらないのに、ケースワーカーは覚えることが多くて大変だなと思いますね。

**SVとしてケースワーカーにどう接していますか？**

　ケースワーカーとして、僕は落ちこぼれでしたが、先輩があの頃に教えてくれたやり方を思い出して実践しています。

　経験の少ないケースワーカーは「答えまでの最短距離」を求めがちです。SVの所見をすぐに伝えるのではなく、ケースワーカーの考えを聞くようにしています。山中さん（注：著者のこと）もよく言ってたじゃないですか？「お前はどうしたい？」「その根拠は？」って。

　あのときは、先輩は答えを持っているのにどうして教えてくれないだろうって思っていたけれど、今なら分かるんです。SVも「答えまでの最短距離」なんか持ってないって。最適解を一緒に探っていくために、ケースワーカー自身に考えさせるのもSVの役目なんじゃないかって今は思っています。

　先輩が作ってくれていたあの頃の現場と同じように、ケースワーカー、SVが気軽に話せる雰囲気を作るようにしていきたいです。

> **ひとくち memo**　本人は落ちこぼれなんて言っていますが、こうやってより良いケースワークを次世代に引き継いでくれているのは本当に嬉しいことです。

CHAPTER **3**

# 家庭訪問をしよう！

# 1 | どうして家庭訪問を しないといけないの？

## ✓ 生活保護における家庭訪問の位置付け

　ケースワーカーの仕事の一つに被保護者宅への家庭訪問があります。

　家庭訪問は、生活保護の決定や実施、生活保護法第77条や第78条に規定されている費用等の徴収のために、必要があるときに行います（生活保護法第28条第1項）。そして、家庭訪問の目的は、

・**要保護者の生活状況等を把握し、援助方針に反映させること**

・**これ（援助方針）に基づく自立を助長するための指導を行うこと**

の2点とされています（**[局]** 第12-1）。

　定期の家庭訪問の頻度は、訪問調査の目的を明確にして、年間訪問計画をあらかじめ立てて決定します。通常の世帯は年に2回以上の頻度ですが、病院に入院している人や、介護施設に入所している人、保護施設通所事業や認知症対応型共同生活介護（グループホーム）等を利用している人などは、家庭訪問に頼らずとも、それらの施設の利用状況や報告によって生活実態が把握できるので、年に1回以上、その施設に訪問するなどして面接すればよいことになっています。

　世帯員の転入や転出といった保護変更を行う場合、生業扶助や住宅改修の経費を支給したときの事後確認、保護を停止している世帯の現状調査、その他にも、指導や助成、調査が必要な場合は、随時、定期の家庭訪問とは別に臨時訪問を行います。

## ✓ 訪問計画の立て方

　被保護世帯の年間訪問計画は生活保護を開始する時に、その後は年度末に翌年度のものを立てることが多いため、皆さんが初めてケースワーカーになったときには、すでにその年度の年間訪問計画は立てられているものと思われます。そのため、皆さんは引き継いですぐには訪問計画を作ることはないでしょう。

　当面は、前任者が立てた訪問計画に基づいて、定期の家庭訪問を行えばいいのですが、新たに申請があった場合などは、その世帯の訪問計画を立てなければなりません。

　定期的な家庭訪問は、実施機関（福祉事務所）ごとで統一的な訪問基準を定めることができます。ですから、生活保護を開始する場合は、その基準に基づき、訪問する頻度や時期を決めれば問題ありません。

　年間の家庭訪問回数を何回にするのかに迷ったときは、基本的には最低頻度とされている「年に2回」を基準に考えてみるとよいでしょう。それは、家庭訪問の主な目的が「生活状況等の把握」と「自立を助長するための指導」だからです。生活保護における指導や指示は「被保護者の自由を尊重し、必要の最少限度に止めなければならない」（生活保護法第27条第2項）ものですから、むやみに家庭訪問を行うことよりも、定期的な家庭訪問が少なくてもすむ方向に進めていけることが理想です。

　訪問計画は一度決めたらそれで終わりというものではありません。被保護者の意思に任せて、一旦は訪問期間を長めにとって、2回目の訪問でその後、どうするかを考えます。援助方針、訪問頻度は常に世帯の状況に合わせて変更していくものだと思ってください。

**POINT**

**定期的な家庭訪問だけをするよりも、
訪問計画の見直しや臨時の家庭訪問を活用する。**

# 2 | 「あなたはどうしたい?」<br>初回に尋ねるただ一つの質問

## ✓ 初回の家庭訪問は時間をかけよう

　生活保護の申請を受けて最初に行う家庭訪問は、保護の開始後に行う定期的な家庭訪問と違って、時間に余裕を持って長めに行ってください。

　申請を受け付ける際の面接を担当ケースワーカーが行うところもありますが、そうでない福祉事務所のケースワーカーにとってはこの初回の家庭訪問がその被保護者(この時点では申請者)との初めての面接です。

　この初回の家庭訪問では、申請内容の確認をしたり、収入申告など月々で被保護者が行わなければならないことなどを説明したりします。

　初回の家庭訪問での面接時には、生活保護の申請は行っていても、まだ生活保護を適用されるかどうかを審査している段階なので、被保護者はまるで就職試験のように緊張していることでしょう。生活保護を受けられるかどうかの不安を抱えて面接に臨んでいますから、なかなかうまく話ができない人もいます。

　そんな場合でも、慌てずにゆっくりと、説明する内容は丁寧に、そしてできる限り相手の話を聞く時間を取るようにしてください。

## ✓ 初回に必ずする質問は?

　初回の家庭訪問の面接で、最後に私が必ず尋ねていた質問があります。

「あなたは(これから)どうしたい?」

　即答で答えが返ってくるということはあまりありません。たまに、「早

く仕事を見つけて自立したい」などというと現状に不安を感じながらも前向きなことを言う方もいますが、黙ってしまう方が多いと思います。そういう方には、「すぐには思いつかないですよね」といって一旦その場は収めて構いません。

## ✓ 「どうしたい？」を尋ねることで分かること

　生活保護を申請する方は、申請に至るまでに様々な困難に遭遇しています。失業だったり、離婚だったり、病気だったり、収入が減って生活が立ち行かなくなったりと、事情は人それぞれです。生活保護を受けられればとりあえずひと安心、ともすれば生活保護の申請が最終目標になってしまっている方も見られます。

　生活保護制度の目的は最低限度の生活の保障と自立の助長（生活保護法第1条）です。ここでいう「自立」は、生活保護を受けなくてもすむようになることではありません。生活保護を申請するまでに至った、立ち行かなくなった生活や生き方を、被保護者が自ら見直して、自分自身の考えで歩くために立て直していくことです。その結果として自立（生活保護の廃止）につながることもあるでしょう。

　初回の家庭訪問で、「あなたはどうしたい？」と尋ねると、申請書類からでは見えない申請者が向いている方向を知ることができます。行き先が分からない申請者にも、「じゃあ、どうしたいかを考えるところから始めましょうか」と伝えることで、ケースワーカーが申請者の自立をどう援助しようとしているのかを伝えることができます。

**POINT**

### 初回の家庭訪問で 申請者の目指す「自立」の方向をともに考える。

# 3 | 効率的、効果的な 家庭訪問をするために

## ✓ 訪問前に保護記録をチェックする

　定期的な家庭訪問では効率的、効果的なものになるように事前に準備
をしましょう。

　まずは、保護記録の読返しです。前回の家庭訪問で聞き取った内容
や、直近1、2か月に提出された書類などがあれば確認しましょう。被
保護者から質問や相談があった事柄で、未解決になっているものがあれ
ば、家庭訪問を前に回答を用意します。もちろん、回答が難しいものや、
要望に応じられないこともありますが、そういった内容も確認しておけ
ば、面接時に再び同じ内容で相談を受けても対応することができます。

　次に、医療要否意見書や診療報酬明細（レセプト）があれば、通院状
況を確認しておきましょう。被保護者は病気を患っている方も多いた
め、大ざっぱにでも良いので、治療の内容や服用している薬、通院回数
の増減などを掴んでおくと、本人の病状や、普段の生活や仕事をするう
えでの制限を少しでも理解することができるでしょう。

## ✓ 訪問管理表をつくって家庭訪問を忘れない

　年に数回の定期的な家庭訪問を効率的に行うためには、年間の訪問計
画をケースワーカー自身で管理する必要があります。それぞれの被保護
世帯を何月に訪問するのか、また、訪問したのかを訪問計画表に書き込
み、半年以上家庭訪問が行えていない「長期未訪問」世帯が発生しない

ようにします。SVも家庭訪問の進捗は確認していますが、複数のケースワーカーを同時に見ているので、全ては把握しきれません。ケースワーカー個々での管理が基本です。

　担当世帯が増えてくると、紙やノートで管理するのは難しくなるので、エクセルなど表計算ソフトを使用して機械的に管理するのが良いでしょう。

## → 訪問管理表（エクセル版）の見本

| A | B | C | D | E | F | G |
|---|---|---|---|---|---|---|
| 地区 | ケース番号 | 世帯主名 | 今月の対応 | 基準 | 直近訪問日 | 経過日数 |
| 01 | 123456 | 新大阪　肇 | 長期未訪問 | A2 | R3.5.1 | 186 |
| 01 | 123458 | 西中島　南方 | | B2 | R3.8.3 | 92 |
| 01 | 358468 | 中津　豊子 | | B1 | R3.10.1 | 33 |

　直近の家庭訪問日を入力（F列）し、その日から何日経っているかDATEDIF関数を用いて表示（G列）します。

**【行4のG列の関数】＝ DATEDIF(F4,TODAY(),"D")**

　訪問基準（E列）に応じて、一定の日数が経った場合に背景色を変更したり、前回訪問日から180日（6か月）を超えた長期未訪問世帯を警告表示（D列）すると、家庭訪問をする世帯をより的確に把握しやすくなります。

> **POINT**
> **定期的な家庭訪問は保護記録の事前確認が大切。**

# 4 | 家庭訪問と 個人情報の持ち出し

## ✓ 個人情報を持ち出すときの注意点

　家庭訪問の際の持ち物は、面接で聞き取った内容を記録するためのノートやメモ帳、そして筆記具を用意するのは当然ですが、事前に保護記録を読んで被保護世帯の情報を全て頭の中に入れて面接に臨むというのは難しいので、世帯構成などの個人情報も持ち出したいものです。

　個人情報の取扱いは、実施機関（自治体）ごとにルールも異なるので、そのルールに沿ったうえで、気をつけたいことは、**「必要最小限の情報を持ち出すこと」**と**「紛失といった個人情報流出の危険性をできる限り防ぐ工夫をすること」**です。

　訪問する世帯の世帯構成など基本的な情報を訪問時にノートにいちいち書き写すのは面倒です。保護記録は持ち出しに向きませんが、世帯情報がまとまったもの（「世帯票」などと呼ぶもの）があれば、訪問する世帯のものだけを抜き出して持ち出すのが一番簡単です。

　大阪市の世帯票は世帯ごとにＢ５横１枚の用紙でできていて、家庭訪問には必要のない情報もあったので、当時の私は必要な情報を抜き出して、バイブルサイズのシステム手帳リフィルにミニ世帯票を作っていました。家庭訪問に行くときには、その日訪問に行く世帯のリフィルを自身のシステム手帳に挟んで、その日に尋ねたい内容は付箋紙に書き込んで貼っていました。世帯票を縮小コピーして小さなサイズのリングノートなどに挟むのも良いでしょう。

## → システム手帳リフィルを使ったミニ世帯票（再現）

## ✓ 個人情報を守るメモの書き方

　家庭訪問で聞き取る内容には、通院状況や求職活動の様子、家庭環境などに加え、生活保護を受けていることも含めて、他人にあまり知られたくない個人情報がたくさんあります。

　聞き取った内容は、事務所に帰ったあと保護記録に起こすので、ノートにメモします。個人情報が満載のノートを落とすなど他人の目に触れるリスクを考えて、省略語や暗号を使い、メモをするのも良いでしょう。

　例えば「週1回通院」といった情報を「HP 1/w」と記したり、HPを一文字ずつずらして（H→I）「IQ 1/w」と書いておけば、自分だけが分かる面接メモになります。私は韓国語を勉強していたので、一部分だけ韓国語の単語で書いたりということをしていました。大切な個人情報を扱うケースワーカーなので最善の注意をしたいところです。

> **POINT**
>
> ### 家庭訪問の内容も重要な個人情報。
> ### 紛失などのリスクに最大限に備えること。

# 5 | 「何を話したら良いの!?」家庭訪問での面接術

## ✓ 会話の糸口は気候・天気の話から

被保護者宅への家庭訪問は本当に緊張します。担当を引き継いですぐは特に、どの被保護者とも初対面で、何を話したら良いか分からないという人も多いでしょう。それは相手も同じことで、慣れたケースワーカーから新しいケースワーカーに変わると「何を聞かれるんだろう？優しい人だったら良いな」などと不安に思っています。

初めての家庭訪問は、色々と聞くことよりも相手の（そして自分の）緊張をほぐすことに面接の時間をかけることを心掛けましょう。お互いに緊張していると、話したいことも話せずに面接が終わってしまいます。

とはいっても、一言目が出ないという人もいるでしょう。そういう人は、当たり障りのない「気候・天気の話」から入ってみてください。「こんにちは。ケースワーカーの○○です。定期の家庭訪問にきました」といったあいさつのあとに、「暑い（寒い）ですね」で最初の一言を始めて、そこに世帯の状況に合わせた言葉を付け足します。

例えば傷病者世帯（病気などが原因で生活保護を受給している世帯）ならば、「お体の具合、変化はありませんか？」、小学生のお子さんがいるひとり親世帯ならば、「もうすぐ夏休み（冬休み）ですね。何かお子さんと予定などありますか？」といった感じです。

何度も面接して会うようになると、それぞれの被保護者との関係性の中であいさつなども変わってきますが、最初のうちは一気に距離を詰めようとせず、盆や正月にだけ会う親戚くらいの距離感で話していても、

冷たい感じを相手に与えないので大丈夫です。私は家庭訪問で、一日に5回くらい「暑いですねぇ」と言ってそれぞれの面接を始めていました。

## ✓ 面接時の目線に注意

　面接は部屋にあがってテーブル越しに座ることもあれば、畳に直に座って行うこともあります。人によっては、部屋を覗かれたくないということで、玄関先で立ったままということもあります。

　どんな状態での面接であっても気をつけたいのは相手との目線です。学生の頃に「人と話す時は、ちゃんと目を見て」と言われたことがありますが、ケースワーク中は、あまりにアイコンタクトをしようとすると威圧感を与えてしまったり、緊張させるばかりになってしまったりします。かといって、目線を外して部屋の中をジロジロと見ていると、相手に面接が目的でなく何かの調査に来たのではと警戒させてしまい、大事なことも話してもらえなくなってしまい、困ります。

　例えば、面接の記録用ノートを使って、相手と目線を外すことを意識してみましょう。質問する前にノートに目を落とし、相手が話し始めたら相手の目より鼻や口あたりを見て自然な視線を心掛けます。相手の話が途切れたら、相づちを打ちながら、ノートにメモをとり、相手とノートの間で緩やかに目線を移動させます。部屋の衛生面などを確認したいときは、帰り際に「今日はこれで失礼します」とあいさつする時に、振り返ってさっと確認する程度に止めましょう。

　家庭訪問ではあなたも相手も緊張しています。何よりも相手もあなたも落ち着いて話ができるように工夫しましょう。

**POINT**

　　　ケースワーカーの家庭訪問は、自分も相手も
　　緊張するので、お互いが話しやすい雰囲気を作ること。

# 6 | 家庭訪問は「指導」よりも「聞き取り」が大切

## ✓ 生活状況の把握と自立への指導を行う

　厚生労働省が生活保護の基本的な取扱いをまとめた実施要領等では、家庭訪問の目的を、生活状況等の把握に加え「自立を助長するための指導を行う」としています。ですが、定期の家庭訪問では、「指導」よりも「（生活状況等の）聞き取り」に重点を置いた方が良いでしょう。

　なぜならば、効果的な（自立を助長するための）指導を、家庭訪問で生活状況の把握と同時に行うことは難しいからです。指導はある意味、被保護者の生活や考え方、行動に口を出すというものです。そういった指導を行うのであれば、被保護者にも考えがまとめられるような環境を作るため、定期の家庭訪問ではなく、福祉事務所で話をしたり、そのためだけに臨時の家庭訪問を企画したりするのが良いでしょう。

## ✓ 聞き取りに必要な姿勢とは？

　被保護者の生活状況等の聞き取りは、傾聴すること（相手の真意を聞き漏らすまいと熱心に聞くこと）を意識しましょう。そのポイントは大きくは次の2つです。

**耳でしっかりと聴く**

　相手の言うことは、フラットに偏見無く聴きます。被保護者の中にはあなたとは違った価値観などを持った方がいます。自分の価値観は一旦脇に置いて、素直に話を聴きましょう。「そうなんですね」「そうですか」

といった言葉で一旦受け止めると、相手は話を聴いてくれているという安心感が高まります。

**目でしっかりと観る**

　相手の話す言葉だけでなく姿勢や表情に注意を払いましょう。体を乗り出して話していたり、拳を強く握りしめていたりすることがあります。また、目は口ほどにものを言うと言いますが、うまく話すことができない人でも感情が顔や仕草などに現れることがあります。

## ✓ 世帯種別ごとに聞いておきたいこと

　個々の世帯によって家庭訪問で尋ねたい質問は変わってきます。相手が自分から話す場合は良いのですが、話が進まないときには、相手に話すきっかけを作るために、次のようなことを聞いてみましょう。

**傷病者世帯で通院中の被保護者**　「通院先の先生（医師）から何か言われたり、治療が変化したりしたことはありますか？」。病名や通院回数などは医療要否意見書や診療報酬明細（レセプト）でも確認できますが、治療を受けて本人がどう感じているか、考えているかを聞き取ることができます。

**乳幼児を抱えたひとり親世帯の者**　「睡眠はとれていますか？」。子育てで生活時間が不規則になって不調を来すことがあります。乳幼児健診などの機会を活用して、保健師など他部署の支援に繋ぐことも考えます。

**求職活動中の者**　「求職活動をやって、難しかったこと、分からなかったことはありませんか？」。求職活動がうまくいかない人を責めるよりも、どこでつまずいているのかを確認して、就労支援に繋げていきます。

**POINT**

**傾聴を意識して、
生活状況をしっかりと把握する。**

# 7 | 生活保護世帯の 子どもたちと面接すべきか？

## ✓ 子どもとも面接が必要

　生活保護は世帯単位で適用されるため、生活保護を受けるのは大人だけではありません。子どもたちも生活保護を受けている以上、家庭訪問などで面接する対象になります。しかし、事はそう簡単には進みません。

　ひとり親世帯などでは、親が子どもに生活保護を受けていることを話していないことがあります。その理由は、生活保護を受けていることを子どもに知られたくないことや、生活保護の利用は短期的なものとして早く自立しようと思っているので話していないということなどがあります。

　実際には、未成年の子どもに対して、家庭訪問や面接をする機会は多くありません。親が子どもに伝えたくなければ、子どもが家にいる時間に家庭訪問をしないという配慮もできますし、子どもが幼稚園児など小さなうちは、保護者である親と面接するだけでも構いません。

　ですが、生活保護の開始決定を行う際、申請者には、「生活保護のしおり」などの制度説明のリーフレットを渡し、子どもを含む他の世帯員にも生活保護を受けるうえでのルールなどを説明してもらうよう伝えています。もしも子どもたちに生活保護を受けていることを伝えていなくても、子どもにとって生活保護が自分ごとになる時期、具体的には子どもが高校生になるまでの中学生の期間に、できることならば生活保護を受給していることを親から話してもらいたいものです。そして、一度は子どもを交えて家庭訪問や面接ができるようにしたいものです。

## ✓ 生活保護における就学費用

　子どもの就学にかかる費用は、中学校までは義務教育なので教育扶助として支給されます。高校生になると、教育扶助ではなく生業扶助の技能習得費で、高等学校等就学費として授業料や教材費が支給されます。扶助の内容は異なりますが、「学校に行くための費用」として、生活保護費として支給されるということは、受給者にとって大きくは変わりありません。

　高校卒業後、大学生や専門学校生などになった場合、その子どもは世帯分離してその世帯からは除外されるので、生活保護費が支給されなくなります。そのため、学校に行くための費用は、子ども自身がアルバイトをして貯めたお金や、奨学金制度などの利用でまかなうことになります。

## ✓ 子どもの被保護者に伝えること

　中学生や高校生の被保護者と面接ができたら、高校生の間までは、教材費や交通費、クラブ活動に必要な費用が生活保護費として支給されることや、アルバイトをした場合に収入を申告する必要があることなど、子ども自身に関わる制度の説明を改めて丁寧に行いましょう。

　そしてそれ以上に大切なのが、親との面接と同じように「これからどうしたい？」を尋ねることです。高校で何がやりたいのか、高校を卒業したらどうしたいのか、親とはまた違う人生を歩む一人の被保護者として、活用できる施策などをしっかりと伝え、自立できるようにアドバイスしましょう。

> **POINT**
>
> **子どもたちも一人の受給者として、
> 面接する機会を作って、しっかりと支援する。**

# 8 | 訪問記録を書いてみよう

## ✓ 家庭訪問の記録はためずに書く

　家庭訪問から帰ってきたら、そのときの訪問記録（ケース記録）はなるべく早く書きましょう。面接時にメモをとっていても、複数の世帯の訪問をしていると、面接時に話したことの記憶は曖昧になってしまいます。また、訪問記録を書かずに置くと、担当ケースワーカー不在時に、その人が来庁したり、電話がかかってきたりしても、状況が分からず対応ができないということがあります。訪問記録を早く書くためには、訪問計画を立てるときに、訪問記録を書く時間を確保したうえでその他の訪問先や一日のスケジュールを決めることが大切です。

　例えば、昼休み明けに家庭訪問に行き、午後3時頃に帰ってきて、午後5時まで記録を書く。パート勤務などで夕方まで帰宅しない世帯への訪問であれば、夕方4時頃に家庭訪問をして、翌日午前中に訪問記録を書くといった具合です。なかには通院などで決められた時間にしか家庭訪問ができない世帯もありますが、家庭訪問をする時間に訪問記録を書く時間も加えた時間を「家庭訪問に必要な時間」として、余裕を持って確保しましょう。

## ✓ 基本的な訪問記録の書き方

　訪問記録は、「分かりやすく、簡潔に」が基本です（書き方の例は**10**）。

文章で書いても、箇条書きで書いても構いませんが、分かりやすく書くためには、次のような点に注意しましょう。

## 項目ごとにまとめる

　病状や求職活動の状況、部屋の様子、様々な状況を続けて書くと分かりにくくなります。見出しをつけて、項目分けすると良いでしょう。どう項目分けをすれば良いか分からないときは、「療養指導」「病状把握」といった援助方針ごとに項目分けをし、部屋の状態といった援助方針などに含まれないものは「その他」とまとめると良いでしょう。

## 略語を使う基準を統一する

　HP（病院）、CW（ケースワーカー）、WO（福祉事務所）、ADL（日常生活動作）といった略語は、福祉事務所で使用可否を統一しましょう。それ以外の用語は、専門用語や難しい用語は使わず、概ね高校生が読んでも分かるような書き方を心掛けるようにしましょう。

## 被保護者からの質問、相談とケースワーカーの対応は分けて書く

　「○○と相談されたので、△△と回答した」と一文にするのではなく、質問を箇条書きにして、対応（回答）は改行して先頭を何文字か空けて書くと、ケースワーカー不在時にその記録だけで一見して対応が分かるので良いでしょう。または、質問のみをまず記載し、全体の最後にその対応や援助方針についてまとめて書くのも良いでしょう。

## 不在時の記録を省略しない

　訪問時不在であっても、訪問した時間とともに、不在者に連絡をとるために投函した連絡票があれば、そのことも記載します。更に部屋や建物の状況、郵便物の有無など、気づいたことがあればそのことも記録しておきましょう。

**POINT**

### あなた以外の人が読んでも分かりやすい訪問記録を書こう。

# 9 | 訪問記録に主観的な感想を書いてもいいか？

## ✓ 主観的な感想も大切な資料になる

　訪問記録に主観的な感想を書いても構いませんか？　と尋ねられることがよくありますが、私は書いてほしいと答えます。どうしてかというと、家庭訪問をしたケースワーカー自身が見たこと、感じたことが最も多くの情報を含む家庭訪問の記録（記憶）だからです。

　家庭訪問を行って、被保護者とどういう話をしてケースワーカーがどう感じたか、どう支援していこう（援助方針を立てよう）と思ったかの経緯が訪問記録から分かれば、担当ケースワーカーが変わったときにも、その訪問記録は、最良の参考資料になります。

## ✓ 訪問記録に感想を込める書き方

　感想を訪問記録に含める場合、感じたことをそのまま書くのではなく、ケースワーカーが見たり聞いたりした「事実」と合わせて書く書き方がおすすめです。

　例えば、被保護者の部屋の状態について、「部屋が汚かった」と書くのではなく、「ゴミ袋が口も閉めずに室内に何袋も放置されており（事実）、不衛生に感じられた（感想）」といったように訪問記録を書きましょう。箇条書きで記載する場合は、事実を箇条書きし、感想をその下に矢印（→）で書くと、事実と感想が明確に分かれて、後に理解しやすい訪問記録になります。

具体的な部屋の状況（事実）と、それを見たケースワーカーが感じたこと（感想）を順に書くことで、個人的に、また指導員や上司と一緒にその被保護世帯が持つ課題を詳しく確認でき、その後の支援をどうしていくのかを考えたり、援助方針の変更に繋げたりすることができます。

## ✓ 感想を書くときの2つの注意点

　ケースワーカーの感想を書いても良いといっても、自由になんでも書いて良いというものではありません。前任のケースワーカーが書いた記録も読んで参考にしながら、次のような点にも注意しましょう。

### ネガティブ・ワードは言葉の置き換えを

　「臭い」「汚い」といったネガティブな言葉を感想として書くと、単なる悪口になってしまいます。ケースワーカーが作成する記録は全て公文書にあたり、開示請求があれば被保護者当人が読む可能性もあります。

　「なぜそういう感情になるのか」にフォーカスをあてて、見たり聞いたりした事実の記載に力を入れ、感想を書くときは、例えば「臭い」を「匂いが強い」、「汚い」を「不衛生」などと言葉の置き換えをしましょう。

### 事実と感想の割合は9：1

　訪問記録は、ケースワーカーの気持ちや感想を書くことが主目的ではありません。主観的な記述が多ければ多いだけ読みにくい文章になってしまいます。部屋の状況、被保護者が話した内容など事実の記載が9割、感想が1割くらいのバランスで書くぐらいで良いでしょう。

> **POINT**
>
> **主観的な感想も含めて**
> **生き生きとした保護記録を作成しよう。**

# 10 | 見やすく、分かりやすい 訪問記録を書こう

## ✔ 家庭訪問例を元に訪問記録を書いてみよう

　8・9の書き方の基本をおさえたうえで、実際に家庭訪問を行った際などのメモを参考に、訪問記録を書いてみましょう。

　ここでは、次のような世帯への家庭訪問を訪問記録として作成します。

**訪問世帯の概要**

　世帯主・女性38歳、長男8歳の2人世帯（ひとり親世帯）。

　離婚により1年前に本市へ転入、半年前より生活保護を適用。元夫からの養育費はあるものの額が少なく、最低生活費を下回る状態。

　援助方針：世帯主の就労指導（現在未就労で求職活動中）。

**訪問面接までの経緯**

　毎月の提出を促している求職活動状況報告書が提出期限までに未提出。

　世帯主に電話で10/15に家庭訪問の約束を取り付ける。

　約束した日時に訪問するも不在。ケースワーカーへの連絡を促す連絡票を投函。

　同日、電話があり10/16に家庭訪問を実施。

**家庭訪問の目的**

　求職活動状況の確認、未提出の求職活動状況報告書提出指示。

　生活状況の確認。

**家庭訪問時の面接メモ**

ケースNO.12345　10/16　13:30に訪問

求職活動　9月0件×　腰が痛い

→▲▲整形外科に週1回通院　（前回通院）10/10

? Mind ＋（心療内科受診が必要？）

仕送り　¥30,000　8月分から無し　9月以降の収入認定変更必要

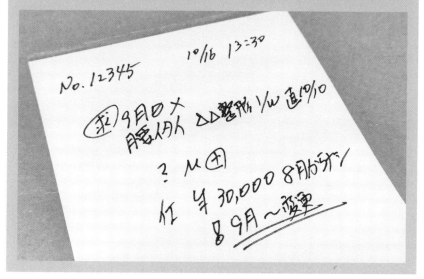

　面接メモは、面接した時のやり取りの記憶を補足するために書いているので、メモ単体では断片的な情報になります。被保護者の収入、通院状況など個人情報が多く、紛失すると危険なので、詳しく書きすぎず、訪問記録を書く際に、面接時の記憶を呼び起こすための鍵になるような記載を心掛けると良いでしょう。

　訪問から帰ったら、面接時の記憶が鮮明なうちに、面接メモを確認しながら訪問記録を作成します。

　訪問記録の書き方は、大きく「文章型」と「箇条書き型」の2種類があります。では、次ページから実際の訪問記録の記載例を見てみましょう。

## ✓ 訪問記録作成例1　文章型

R3.10.15
10:20
13:35

**定期家庭訪問（不在）**
　電話連絡を指示した不在連絡票を投函
**（主）よりTEL**
　（02）長男が発熱したため、○×病院に
連れて行っていた。明日ならば家にいると
のことなので、13:30頃に家庭訪問をする
旨、約束を取り付けた。

会えなかった
場合でも記録
を残す

R3.10.16
13:30

**定期家庭訪問**
　（主）と面接。（02）長男は熱が下がり、今
日は元気に学校に通っているとのこと。室
内は散らかっており、ゴミ袋の口が開いた
ままで放置されている。
＜（主）の求職活動状況について＞
　先月分の求職活動状況報告書が未提出な
ので提出するよう指示するも、ここ1か月
ハローワークに行っていないと話す。
＜（主）の病状について＞
　腰が痛くて仕事はできないとの申し立て
あり。
　▲▲整形外科に週1回の頻度（前回通院
10/10）で通院中。
　面接中、あまり眠れないとも話し、顔色
は良くない。精神面でも不安定な様子がう
かがえる。
　心療内科を受診してみてはどうかと提案
する。（主）の反応は鈍い。

見出しを付け
て、項目ごと
に分かりやす
く

聞き取ったこ
とだけでな
く、助言など
も書き込む

＜前夫よりの養育費について＞

　先々月より振り込まれていないとのこと。銀行通帳を確認したが、たしかに先々月、先月と所定の日に¥30,000の入金がない。収入申告書を書いてもらい受領。前夫に連絡をとって養育費の督促をしたか？と尋ねると黙ってしまい、少し涙ぐむ。

【CW所見】

　（主）は不眠が続き、精神的にも不安定な様子であり、病状の悪化が懸念される。就労指導は中断し、専門医への受診が必要と考える。前夫への扶養照会は、（主）の心身状況を勘案し、当面見合わせる。

【保護変更】

　9月分より仕送り収入認定額を削除、差額を12月分で追給。通帳は後日コピーを取る。

【援助方針】

　就労指導→通院指導、稼働能力検討

㊞　㊞　㊞

言葉に現れない被保護者の動きに気がつけば書いてみる

CWの所見や今後の援助方針を最後にまとめる

　文章型にするメリットは、面接時の空気感が伝わりやすいことです。被保護者の行動や指導に対する反応など、後から読んでも掴みやすくなります。その一方で、ダラダラと書くと冗長でどこを読めば良いのか分からないものになってしまうデメリットもあります。見出しを付けるなど、見やすさも工夫しましょう。

## ✓ 訪問記録作成例2　箇条書き型

| | |
|---|---|
| R3.10.15<br>10:20<br>13:35 | **定期家庭訪問（不在）**<br>・不在連絡票を投函<br>**（主）より TEL**<br>・（02）長男が発熱したため、○×病院に<br>　通院していて不在<br>・明日、13:30 に再訪問 |

箇条書きで一つ一つの項目をシンプルに記す

| | |
|---|---|
| R3.10.16<br>13:30 | **定期家庭訪問　（主）と面接**<br>・（02）長男は学校にいっており不在<br>・室内は散らかっていて、口の開いたゴミ<br>　袋がリビングに放置されている。<br>＜就労指導＞<br>・先月分の求職活動状況報告書未提出<br>　→（主）に確認するが、ここ1か月間、求<br>　　職活動は行っていない<br>＜通院状況＞<br>・▲▲整形外科、週1回通院（直近10/10）。<br>・治療状況変化なし。<br>・腰痛がひどく、仕事できないとの主訴。<br>　→病状照会を行い、稼働能力を再確認す<br>　　る。<br>・不眠についても訴えあり。<br>　→心療内科受診なし。受診を提案。 |

矢印→で、聞き取った事実とその対応を分ける。
フォントを変えて質問と対応を分けるなどの方法もある

70

<扶養援助状況>
・8月より養育費¥30,000/月入金なし。
→【保護変更】9/1付け保護変更
　　仕送り収入¥30,000/月→¥0/月、
　　差額は12月分で追給
【CW所見】
・(主)、精神的に不安定な様子が見られ、
　就労指導の継続は困難。通院により病状
　を把握する必要あり。
・扶養照会の必要があるが、(主)の状態か
　ら慎重な取扱いが必要。当面、郵送等に
　よる照会は見合わせる。
【援助方針】
　就労指導→通院指導、稼働能力検討

印　印　印

CWの所見や
今後の援助方
針を最後にま
とめる

　箇条書き型のメリットは、質問とそれに対する対応内容などのやり取りが分かりやすいということです。矢印など表記を統一できるので、初心者でも作成するときに迷わずに書けます。一方で、同じ表記が続くので情報の濃淡は少なく、どの部分が重要だったのか、被保護者の反応はどうだったのかは分かりづらいのがこの書き方のデメリットです。所見や援助方針で、足りない情報は補足しましょう。

**POINT**

**文章型でも箇条書き型でも**
**書きやすい方法で分かりやすい記録を書こう。**

# 病気休職してしまったけれども
# あのときの経験は今も活きている

大阪府某市・元ケースワーカー・Hさん

### どういう経過で病気休職したんですか？

リーマンショックの影響で失業者が増えていた時期でした。

ケースワーカーになる前は課税課で働いていて、無理をしてでも納税する市民と接していました。それと比べて、無気力で仕事を探そうとしない無責任な被保護者にとにかく腹が立ちました。

いくら指導をしても改善しない。でも、他のケースワーカーはうまく仕事をやっていて、被保護者も仕事を決めていく。自分は仕事ができないんだと思うようになり、仕事をやっている意味が感じられなくなりました。残業を終えた時の虚脱感が一日中続いているようでした。

残業や仕事上のミスが増えてきたとき、同僚の精神保健福祉士に精神科受診をすすめられ、結果、4か月間休職することになりました。

### どうやって立ち直りましたか？

職場復帰後、年度替わりで公園関係の部署に異動になりました。技術畑の同僚と接しているうちに、仕事のペースを取り戻せました。

自分はダメだと思っていたけれど、同僚は誰もそんな風に思っておらず心配してくれていました。僕が接した被保護者にも、それまで育ってきた環境や教育などの影響があることを、当時は気づけなかった。仕事を休んで、そのことに気づくことができました。

大変でしたが、ケースワーカーになって良かったと今は思います。あのときの経験で気づいたことは、これからもどんな仕事に就くことになっても忘れずに活かしていこうと思っています。

ひとくち
*memo*

私が知るHさんは、いつも明るいお祭り男。うまくいかなかった頃の話を聞いて、皆さんも抱え込まないようにしてほしいと思いました。

# CHAPTER 4

まだまだ頑張る
ケースワーカーのお仕事
〜調査、指導・助言〜

# 1 | ケースワークを支える 基礎的な調査

## ✓ 生活保護が申請されたら資産を調べる

　生活保護の申請があると、福祉事務所は申請者が提出した申請書類の確認や審査を行います。その中でも特に大切なのが、生活保護の適用可否や保護費額を算出するのに必要な保有資産、収入の確認です。

　預貯金・不動産など保有している資産は、申請時に提出される資産申告書・通帳などの添付書類で確認します。まずは預金通帳やオンラインバンキングの入出金明細で保護申請時（＝保護決定時）の預金残高やその前後の入出金を確認します。それができない場合は、生活保護法第29条に基づき、直接、金融機関に預貯金残高や入出金明細を公用で照会します。

## ✓ 調査を行う範囲は限られている

　保有資産や収入の調査を行う対象は、金融機関だけではありません。生活保護の決定や生活保護法第77条、第78条に定める返還、徴収にあたって必要な場合は、官公署、日本年金機構や共済組合、被保護者やその扶養義務者の雇用主や関係者などに報告を求めることができるとされています（生活保護法第29条第1項）。

　照会ができる内容は、要保護者・被保護者については「氏名及び住所又は居所、資産及び収入の状況、健康状態、他の保護の実施機関における保護の決定及び実施の状況その他政令で定める事項」（同項第1号）

とされており、被保護者のことならなんでも調査できるわけではありません。

　基本的には、生活保護法第29条による照会は、被保護者、申請者からの申請書類、提出書類によって事実確認を行い、それらでは確認できないところや資料の提出が無く分からないときに調査するものと考えましょう。例えば、就労収入の申告時に給与明細が無くても、すぐに雇用主に照会をかけるのではなく、まずは給与明細を再度発行してもらい提出するように被保護者に促しましょう。

## ✓ ケースワークに必要なその他の調査

　被保護者のケースワークをすすめていく中で、生活保護法第29条による調査、照会に加えて、適宜様々な調査をすることがあります。

**扶養義務者の調査**

　戸籍や住民登録を市区町村に照会して、被保護者の親族関係を把握します。扶養照会（親族間での扶養援助ができないかを照会する）を行うだけでなく、緊急時の連絡先を掴んでおきましょう。

**医療機関、介護機関の調査**

　被保護者の病状や介護サービスの利用状況などを病院やケアマネジャーに確認します。病状などを踏まえて、稼働能力（仕事に就くことができる身体状況かどうか）や、治療材料（義肢や眼鏡、杖など）や通院時の移送費（交通費）の必要性などを確認します。

　生活保護を適正に行うためには、丁寧な調査は欠かせません。担当する被保護世帯が増えてくると、おろそかになりがちですが、時点ごとに漏れている項目がないかチェックしましょう。

**POINT**

**丁寧な調査で、間違いのないケースワークをしよう。**

# 2 | 扶養照会は 本当に必要か?

## ✓ 扶養照会はどうやって行うか

　生活保護の適用にあたって、被保護者に親兄弟や近親者がいる場合、経済的な援助が可能かを尋ねる扶養照会を行うこととされています。これは、生活保護は自身の持つ資産や能力、他の社会保障制度や周りの助力を得ても、それでも足りない場合の補足として行うべきという「保護の補足性」(生活保護法第4条第2項)の観点によるものです。

　調査の範囲は夫婦、兄弟、直系の血族(親、祖父母や子、孫)の絶対的扶養義務者、その他の3親等以内の親族のうち、被保護者を扶養していたり、過去に扶養を受けていたりという特別の事情があった人で、扶養能力があると見込まれる相対的扶養義務者になります。

　扶養照会の手順は大きく3段階に分けられます。

　1つ目は、被保護者への聞き取りです。申請時の書類で扶養義務者の有無を確認し、被保護者面接の機会にそれぞれの扶養義務者との関わりを聞き取ります。

　2つ目は、扶養義務者の所在調査です。戸籍謄本や同附票、住民票などを照会し、現住所を把握します。

　3つ目が扶養の可否検討です。金銭的な援助やその他の支援が望めそうな扶養義務者がいるのであれば、被保護者の同意を得て、書面や家庭訪問により扶養できないかを個別に尋ねます。

## ✓ 扶養援助は、生活保護の絶対条件ではない

扶養義務者からの援助は、「保護に優先して行われるもの」ですが、それは「金銭的援助を強要するもの」と考えてはいけません。例えば、未成年の被保護者の養育費などは、社会通念上強要すべきと考える人もいるでしょうが、DVや虐待が原因で親と離れて暮らしている場合などは、親や親族に扶養義務を果たすように要求しても良い結果にはならないでしょう。保護を受けるまでに親族と関係を悪くしている人もいます。

皆さんの当たり前は、その被保護者にとっての当たり前ではありません。個々の親族関係に目を配り、被保護者の状況理解に努めましょう。

## ✓ 扶養義務者の所在だけはおさえておく

では、扶養照会は全くやる必要がないのかというとそうではありません。「扶養義務者の所在把握」まではやっておいた方が良いでしょう。

例えば被保護者が死亡すると相続が発生します。相続というと、残された資産を相続するイメージがありますが、借金などの負の資産も相続され、扶養義務者にも影響が及ぶ可能性があります。また、大きな手術の同意など、決断をケースワーカーに求められることもありますが、扶養義務者との関係が良ければ相談することができます。

生活保護での扶養援助というと、金銭的な援助面がどうしても前面に出ますが、むしろ大切なのは、日々の関係性の構築です。被保護者がケースワーカーだけでなく、親族に相談事を持ちかけられる関係性が作れたらその後の支援にもつながるかもしれません。

**POINT**

**扶養照会は金銭的な援助を求めるだけじゃない。**
**扶養義務者を把握して、いざというときに備えよう。**

# 3 | 「助言・指導」って どのタイミングで行うの？

## ✓ 助言・指導を行う３つのタイミング

　ケースワーカーは被保護者に対して助言・指導ができるとされています。その一方で、その指導又は指示は「被保護者の自由を尊重し、必要の最少限度に止めなければならない」（生活保護法第27条第２項）ともされています。では、どういったタイミングでどういう内容を助言・指導をすれば良いでしょうか？

　ケースワーカーが行う助言・指導は大きく分けて３つのパターンがあります。

(1)　生活保護の決定のために、必要な書類の提出や行動（医療機関への受診、他の制度を利用するためなどの手続きを行うこと）を指導する。

(2)　生活保護の趣旨・目的に反したことを行った（(1)の指導に従わなかった場合や不正受給に繋がる行為など）場合にそれを改めるよう、または、再び行わないように指導する。

(3)　生活保護からの自立を目指して、被保護者の意欲を高めるために助言する。

　(1)(2)のタイミングは比較的明確ですが、(3)の助言のタイミングは少しぼんやりとしているように見えます。

　被保護者から相談を受けたときがその一つですが、他にも助言するタイミングがあります。それは、被保護者当人との面接や電話で、「困ったこと」「感じたこと」を聞き取ることができたときです。

## ✓ ぼんやりとした被保護者の思いを助言に繋げる

　面接を行う際、被保護者から具体的に「○○してほしい」「△△するのはどうしたら良いか?」という相談があれば、こういうことができますよ、こういう方法がありますよ、と助言することができます。

　ですが、「朝起きたら、昨日も何もしなかったなぁと不安になってしまって」などといったぼんやりとした不安や困りごとは、ケースワーカーも具体的な解決策が思いつかず、その内容を聞き流してしまいがちです。しかし、こういったぼんやりとした話を被保護者から聞いたときこそ、ケースワーカーの本領発揮で、助言するタイミングです。

　解決が難しい困りごとやなかには妄想のような内容の話を聞くこともありますが、全ての話を「なるほど」と相づちをうったり、ふむふむと頷いてみたりと興味を持って受け取り、その話の中から興味を持った部分にコメントしましょう。この時点では解決策の提案、助言でなくても構いません。ただし、否定的な言葉は厳禁です。被保護者と同じ目線に立ち、「それは困ったね」という共感でも良いので、黙ったり、話を流したりするのではなく、あなた自身の反応を返しましょう。

　そのうえで、自分自身ならばこうするんじゃない?　ということが浮かべば、「××してみたらどうだろう?」と提案してみると良いでしょう。

　そんなことが助言なの?　生活保護からの自立に繋がるの?　と思う人もいるかもしれません。被保護者が抱える問題は、指導することで解決することもありますが、当人が分かっていない課題に気づいてもらい、自分自身で解決していく方向に進めることも大切です。助言は、直接的な効果が見えにくいのですが、とても重要です。

### POINT

**被保護者の話に興味を持って聞き、
助言するタイミングを掴もう。**

# 4 | 被保護者それぞれに合った「就労指導」を行う

## ✓ 就労指導の難しさとは？

　生活保護から自立する（生活保護を受けずにすむ）ためには、世帯の収入を増やすことは不可欠です。そのため、身体状況などが許せば、被保護者には仕事に就き、収入を得てもらわなければなりません。

　仕事に就いていない被保護者への援助方針としてよくとられるのが「就労指導」ですが、この指導は、なかなかうまくいきません。被保護者に求職活動を促しても、仕事を探さなかったり、仕事に就いても短時間しか働かなかったり、すぐに辞めてしまったりするケースも少なくなく、「どうしてちゃんとできないのか!?」と思ってしまうかもしれません。

　しかし、ケースワーカー自身にとっては「仕事に就いているのが当たり前」でも、被保護者にとってはそうではないことがあります。仕事をしていない、できないにも当人にとってはなんらかの原因、理由があるので、ケースワーカーからの指導が、とてつもなく高いハードルを課せられているように感じることもあるでしょう。

　相手の立場に立って、と思っても、なかなか自分自身が経験したことのない状態を理解するのは難しいことだと思います。だからといって、「仕事を探しなさい」「ハローワークに行きなさい」と通り一遍の指導を行っても、良い結果を出すのは難しいでしょう。ですから、まずは指導のテクニックを身につけるよりも、どういったケースがあるのかを知ることから始めましょう。

## ✓ 仕事ができない理由にも色々ある

　仕事に就かない、就けない理由も色々あります。

**病気などで稼働能力に制限がある場合**

　どれくらい仕事ができるのかが見た目では分からないケースが大半です。ケースワーカーとしては通院先の医師の意見を聞くことが大切です。

**特定の職種で長く仕事をしていた場合**

　特殊な技能を持つ仕事をしていた人は、同じ職種に就きたいと選り好みすることがあります。そういった技能を必要とする職場はたくさんあるわけではないので、短時間でも他の職種に就くように助言します。

**就労経験がない場合や少ない場合**

　若い時期の結婚や出産、引きこもりなどで、そもそも就労経験が少ないケースもあります。アルバイトなど、短い時間からの就労経験を積むように促したり、場合によっては学生の就職相談のようにアドバイスしたりする必要があります。

## ✓ 「就労指導」の目的は、就労自立ではない

　被保護者が仕事に就き、最低生活費を上回る収入を得て生活保護を必要としなくなる「就労自立」は、素晴らしいことです。

　ですが、ケースワーカーが行う就労指導の目的が、全て就労自立である必要はありません。ひとり親世帯で子どもが乳幼児の時や、障害者世帯では「半就労半福祉」（就労収入と生活保護費で生活する）が目標になることもあるので、被保護者の状態に合わせた目的を立てましょう。

> **POINT**
>
> 　「就労自立」のような大きな目標ではなく、
> 被保護者の状態に合った小さな目標の就労指導から行おう。

# 5 | イエローカード(文書指示)は乱発しない

## ✓ 口答指示と文書指示のどちらを行う？

被保護者に対して、明確に「○○をしてください」と伝える時は、生活保護法第27条に基づいての指導・指示を行います。

その指導・指示は口頭によるものと、文書によるものがありますが、より軽い扱いである口頭で行うのが原則です。

被保護者への指示は必要最少限度に止めることとされているので、何度も指示を行っても従わない場合や生活保護法に反する行為を行った場合などを除いて、安易にイエローカード（文書指示）を出すことのないようにしましょう。

## ✓ 指示を行う時の注意点

口頭指示、文書指示のどちらでも、被保護者に対して生活保護法第27条に基づく指示を行う時には、いくつか注意してほしいことがあります。

**被保護者の能力を超える指示をしないようにする**

就労指導で「明日までに仕事を見つけてきてください」といった、被保護者が相応の努力をしても達成が困難な指示をしてはいけません。

**指示する内容、期限は明確にする**

「生活保護から自立するために頑張ること」といったような曖昧なものは指示になりません。指示する際には、どういったことをいつまでに

やるべきなのかを明確に伝えましょう。

## 指示を行った時は必ず記録する

　文書指示を行う時は、所定の様式で行うため、決裁の経過、経緯が残りますが、口頭指示を行った時もその内容を必ず記録に残しましょう。

　被保護者が指導、指示に従わない場合、保護の変更、停止、廃止といった不利益処分を行うことがありますが、その処分行為の正当性を証明するためには被保護者に行った指示の経過、経緯がとても大切です。

## 保護申請時に生活保護法第27条による指示はできない

　生活保護法第27条による指示は「被保護者」に対して行うものです。したがって、申請時、つまり、まだ生活保護を受けていない時に「求職活動を行うように」といった就労指導などはできません。

　その一方で、生活保護の受給要件を満たさない場合、申請を却下することになるので、申請に必要な書類の提出を求めたり、生活保護を受けたりすることによって生じる権利や義務は丁寧に説明しましょう。

## 言いっぱなしにならないようにする

　「一か月以内に○○するように」など、指示したことの履行期限が過ぎたとき、その指示の目的が達成されていてもいなくても、必ずその結果に対するリアクションを当人に返しましょう。目的を達成していなかったときは、再び口頭指示や文書指示を行います。その時に、単に再指示を出すのではなく、指示を受けた当人がどういう風に感じて、どう行動したかを振り返って、本人の意識改革を促すことができれば良い方向に進みます。

　被保護者に「やらされ感」を抱かせるのではなく、指示もあくまでも支援の一つということを理解して大切に行いましょう。

**POINT**

### イエローカード（文書指示）は乱発せずに、口頭指示で効果的な支援に繋げましょう。

# 6 | 多職種・他職種との 連携を進めよう

## ✓ ケースワーカーだけで抱え込まない

　ケースワーカーは被保護者の様々な相談に応じるので、生活保護だけではなく幅広い知識が必要になります。傷病者世帯や障害者世帯であれば、被保護者が抱える病気や障害についての一般的な知識が必要ですし、高齢者世帯であれば、介護保険や年金制度など他課の仕事も少しは知っておいた方が良いでしょう。

　被保護世帯それぞれに生活保護からの自立を阻害する要因があるので、その一つ一つを「知らなきゃ」と思って突き詰めていくと、ケースワーカー自身の限界をはるかに超えてしまいます。

　そうならないために、被保護者への助言、指導に対してケースワーカーが全てを抱え込むのではなく、それぞれの専門分野の人々と協力していく多職種・他職種連携を進めていくことが大切です。

## ✓ 分からないことを担当者、専門家に質問しよう

　連携というと、専門家が集まりチームを作って支援するといった仕組みを思い浮かべるかもしれません。しかし、皆さんにまず取り組んでほしいのは、もっと緩い多職種・他職種連携のきっかけづくりです。

　具体的には、皆さん自身が分からない制度や物事があったとき、その担当者や関係者に話を聞きに行くということです。

　「お忙しいところすみません。生活保護課のケースワーカーなんですが、

○○について全然分からないので、少し教えてもらってもいいですか？」

　庁内であれば、そうお願いされたときに断る職員は少ないでしょう。税、保険、年金、戸籍、障害、児童福祉……。私もケースワーカー１年目は何もかもが分からなくて、話しやすそうな職員に声をかけて質問をしていました。庁外へ出ても、総合病院の地域医療連携室に所属するソーシャルワーカーや、介護施設のケアマネジャーといった方によく質問をしては、それぞれの制度や仕組みのさわりを教えてもらいました。

## ✓ ハブの役割を目指そう

　色々と担当者や関係者に質問するのは、被保護者からどんな相談を持ちかけられても応えることができるスーパー・ケースワーカーを目指そう！　ということのためではありません。

　皆さんに目指してほしいのは、他職種の仕事、制度を知って、多職種間を繋げていくハブの役割を担うことです。

　被保護者から相談を受けたとき、「この手続きをしてきてください」や、「私が代わりに手続きします」と言うのではなくて、「それは○○係で手続きできるから、一緒に行きましょうか」と案内してあげられることです。また、その際に被保護者の状態を説明するなど、受ける側の担当者がスムーズに仕事ができるようにサポートできればなお良いでしょう。

　ケースワーカーは「どんなことも知っている」ではなく、「どんなことでもどこ（誰）が担当かを知っている」を目指しましょう。

**POINT**

**ケースワーカー一人でできることは限られるので、他職種の味方を作って多職種での連携を深めよう。**

# 7 | 離脱を防ぐ チームビルディング

## ✓ 苦しくなったそのときに

　家庭訪問、保護決定のための調査、被保護者への助言や指導、他職種・多職種との連携と、多岐にわたる仕事を進めていく中で、どうしてもケースワーカー個人に負担がかかって、心身ともに苦しくなるときがあります。

　残念なことに仕事を休んでしまうほど追い込まれて、職場から離脱してしまうケースワーカーもいるので、皆さんが苦しく感じたときはため込むこと無く、職場でその気持ちを吐き出してほしいと思います。

　ケースワーカーの仕事は、漏れたら困る繊細な個人情報をとても多く扱う仕事なため、残念なことに家に帰って家族にその悩みを話したり、仲間内で居酒屋などに飲みに行って談笑したりすることができません。そのため、仕事で起こったことを相談できる先は、自然と同じ職場のケースワーカーの同僚ということになります。あなたにとっては先輩や上司だったりするので、話しかけにくいということもあるでしょう。

　ですが、その先輩や上司も同じような経験をしています。きっと、あなたの思いを受け入れてくれる土壌はあるはずです。

## ✓ 生活保護の現場はチームで支える

　私がケースワーカーをしていたときに、福祉系の大学を卒業してきたばかりの新卒のKさんと席を隣にしたことがありました。

彼女は私と違い、大学で福祉分野をしっかりと学んできていたので、様々な制度などにも詳しく、被保護者の相談も親身になって聞き取る素敵なケースワーカーでした。非常に真面目で、分からないことを積極的に学んで吸収し、嫌なことを言われても動じない姿を頼もしく思いながら、その一方で時々疲れた表情を見せるのを心配していました。

　1年目の終盤にさしかかったある日、面接室から出てきて自分の机に戻ってきた彼女は開口一番「あの人、腹が立つわ！」と、被保護者との面接の一部始終を話し始めました。すると、私を含めた周りのケースワーカーは笑ってしまい、ある先輩ケースワーカーがこう言いました。

　「やっとKさんもケースワーカーらしくなってきたな」

　Kさんはキョトンとした顔をしながらも、直前までの被保護者への怒りの感情も少しだけ穏やかになりました。

　被保護者への悪感情を口にすることは、決して褒められたことではありません。しかし、彼女が感じたことを口にしたことで、周りの同僚ケースワーカーが彼女の悩みや感情にアクセスする機会が生まれました。その結果、彼女へのアドバイスももう一歩踏み込める関係性が築け、彼女は以前よりも元気に仕事をするようになったように私は感じました。自身の悩みや相談事を周りに話すだけでなく、先輩ケースワーカーがポロッとこぼす愚痴にもコメントを入れるようになって、お互いに苦しさをため込まないようになったのです。

　生活保護の現場ではひとりで苦しんでいるケースワーカーを作らない「離脱を防ぐチームビルディング」が必要です。それを作り上げるのは、先輩ケースワーカーや上司であるSVだけではありません。1年目の皆さんができるのは、皆さん自身の感情、苦しさをため込まずに周りと共有することです。

**POINT**

**1年目のあなたも、みんなで支え合うチームの一員。**

# 現場と研究の場の往来で、これからの現場を良くしてほしい

**新人ケースワーカーのとき、どんなことに注意していましたか？**

窓口に来所される時の被保護者は、本当の姿とは少し違うと思います。だから、家庭訪問で生活の様子を知ることが最も大切です。訪問した時の家の様子から感じ取ることのできる生活感、暮らしぶりは多くの支援のヒントを与えてくれるものでした。

生活費の算定を行うのに、生活の場に行くことは当たり前だと思って仕事をしていました。

**保護課長のとき、現場のケースワーカーをどう感じていましたか？**

本当によく頑張っているケースワーカーがいる一方で、世帯の状況を見ていない（もしかしたら見ようとしない）ケースワーカーがいるなと感じていました。自身がケースワーカーのときは思いもしませんでしたが、現場の方が想像している以上に本庁では皆さんの様子が分かります。

個人的には、ケースワーカーと「これからのセーフティーネットの在り方」などを熱く議論したいと思っていました。

**これからのケースワーカーに望むことはありますか？**

生活保護の仕事だけでなく、福祉行政は、現場と研究の場の往来が必要だと考えています。時間が許されるのであれば、現場経験を元に、社会人大学院等で勉強をして、その研究をまた現場に生かすということもしていただきたいと思っています。

**ひとくち memo**
Mさんのお話で、課長の視点の広さを知りました。皆さんも困ったことがあれば、経験豊富で視野の広い上司に質問してみましょう。

# CHAPTER 5

さけては通れない
生活保護の適正運用の
基礎知識

# 1 | 適正な生活保護の運用に取り組む姿勢とは？

## ✓ 生活保護の適正運用の現状

　生活保護では、被保護者が事実を偽って本来受け取るべき額以上の生活保護費を手にする、「不正受給」が発生することがあります。

　総務省行政評価局が平成26年8月に出した「生活保護に関する実態調査結果報告書」で、平成23年度における不正受給（生活保護法第78条に基づく徴収金）が約173億円、10年間で約4.3倍の増加に達したと報告されました。その後、「生活保護の適正運用」が進んだ結果、令和元年の統計では不正受給は129.6億円まで減少したと報道されています（「全国厚生労働関係部局長会議資料　説明資料—社会・援護局（社会）」厚生労働省）。

　減少しているとはいえ、乱暴ですが全国の市区町村数（1,718自治体）で割り戻すと1自治体あたり約750万円となります。自治体が行う様々な事業費と比較しても、決して無視していい額ではありません。

　特に、以前別の部署で課税や徴収、低所得者への税の減免や各種給付などを担当していた方にとっては、これまでの仕事や市民が頭に浮かび、不正受給に接することで腹立たしく思うこともあるでしょう。担当する被保護者がその対象になったとき、どう対処すれば良いでしょうか？

## ✓ クールヘッド＆ウォームハート

　不正受給への対応で何よりも大切なのは、冷静に事実を確認し、正し

く返還の決定や徴収の事務処理をすることです。

不正受給が疑われる事案が発生すれば、ケースワーカーはまず調査を行い、被保護者に事情を聞くなどの事実確認をしなければなりません。悪質なケースになると、被保護者が嘘をついたり、必要な資料の提出を拒んだりすることもあるので、対応に困ることもあります。

そして、不正受給の徴収金（返還金）を決定したあとは、確実にそれを返還するように指導し、その一方で毎月の生活保護費を支給して、被保護者の相談に対応し、経済的に世帯が自立できるよう援助するという、ある種相反する業務も発生します。

最近では、徴収金（返還金）の徴収事務はケースワーカーではなく、専門の部署が担当することもありますが、それでも調査や徴収額の決定には、担当するケースワーカーが一番関わることになるので、被保護者とのやり取りの中で精神的な負担を感じることも多いかと思います。

### 「クールヘッド＆ウォームハート」

これはイギリスの経済学者アルフレッド・マーシャルが、ケンブリッジ大学の教授就任講座で話したもので、「経済学者は冷静な頭脳と温かい心を持たねばならない」といった意味です。経済学者の姿勢を示した言葉ですが、これは私たちケースワーカーにも通じるものだと思います。

「生活保護の適正運用」は、不正受給の取締りではありません。不正受給の疑いがある事案の対応こそ、冷静に調査、被保護者への聞き取りなど目の前の事務処理に集中しましょう。

そして、その冷静な対応を行う一方で、他の被保護者や生活保護を受けていない市民への熱情は忘れず、日々の仕事に取り組むことが生活保護の適正運用に繋がるはずです。

**POINT**

冷静な頭脳と温かい心を持って
保護の適正運用に取り組もう。

# 2 就労収入の無申告、過少申告を防ぐためにすべきこと

## ✓ 不正受給にも種類がある

　令和元年度に発生した生活保護の不正受給を内容別に確認すると、最も多いのが「働いて得た収入の無申告」で47.5%です。続いて多いのが、「各種年金などの無申告」で18.3%なのですが、その次に多いのが「働いて得た収入の過少申告」が11.9%で、「働いて得た収入」に関する不正確な申告が6割近くにも及びます（「全国厚生労働関係部局長会議資料　説明資料―社会・援護局（社会）」厚生労働省」）。

　被保護者に支給される生活保護費は、定められた最低生活費の基準額から収入を差し引いた額です。そのため、被保護者に働いて得た収入や各種年金による収入があっても、支給される生活保護費とその収入を合わせた実質的な生活費は変わらず、損をするわけではありません（次項）。それなのに、どうしてこういう不正受給が無くならないのでしょうか？

## ✓ 不正受給の予防は「損得」を理解させることから

　その背景のひとつに、CHAPTER 1で説明した生活保護費の算定方法が被保護者に正しく理解されていないことがあります。収入の未申告による不正受給で、被保護者に「どうして申告しなかったのか？」と尋ねると、よく返ってくる答えが「申告しなきゃいけないことを知らなかった」というものです。何度も説明しているつもりのケースワーカーから

すると「知らなかったわけがないじゃないか」と思うことでしょう。

　ですが、ケースワーカーから見えている景色が、被保護者からは見えていないということは往々にしてあり得ることです。就労指導中の被保護者との面接で、仕事を探すように指導したときに「働いても保護費が減らされる」という言葉を返されることは、よくあることです。

　生活保護制度の理解が乏しい被保護者の中には、収入を増やそうと、生活保護費以外の収入を隠す人がいます。ケースワーカーは、被保護者の理解不足を防ぐために、日頃から対策をとらなければなりません。

　そのためには、単に制度を説明するのではなく「損得」を伝えるのが良いでしょう。就労収入の収入認定から控除される額（収入から除外される額）を伝え、どれだけの額を受給できるのか（＝得）を伝えます。更に、収入を申告しなかった場合、生活保護法第78条による徴収決定される額、**どれだけ「損をするか」を伝えること**が大切です。

　仮に就労で得た収入が5万円だった場合、勤労控除の基礎控除額は18,400円（1人目の収入の場合）ですので、他に控除するものがなかったとしても18,400円、その月の生活費が増える（＝得をする）ことになります。一方で、未申告で法第78条が適用されると控除されないばかりか、悪質なケースでは同条第2項の規定で、最大40％、この例では20,000円が徴収額に加算されます。その結果、正しく申告した場合との差額4万円弱、他にも控除されていたものがあればそれ以上に損をするということになります。

　この損得勘定の「損」の部分の説明がないと、「5万働いても、2万弱しか得をしない」という考えに及びます。不正受給が大きく所得を損ねるということを理解させることが不正受給の予防に繋がります。

**POINT**

## 被保護者にとっての得を理解してもらうためには、「損」への理解が必要。

# 3 | 被保護者を責める前に しなければいけないこと

## ✓ 不正受給とは簡単に決められない

　被保護者は「収入、支出その他生計の状況について変動があつたとき、又は居住地若しくは世帯の構成に異動があつたとき」、すみやかに届け出をしなければならないとされています（生活保護法第61条）。

　しかし、不正受給が行われるとき、こういった届出がされないことが多いため、通常の業務の中で、ケースワーカーが気づくことは難しいでしょう。不正受給（の疑い）の発見の契機としては次のようなものが考えられます。

・課税調査や生活保護法第29条に基づく調査
・警察、市民、家主、民生委員など外部からの情報提供
・家庭訪問や被保護者との面接時にケースワーカー自身が感じとる違和感（申告内容との違いなど）

　課税調査の結果が届いたときや、外部からの情報で明らかに被保護者からの届出内容と異なるものが出てくると、つい「不正受給！」と色めきだってしまいますが、この時点ではあくまで「届出されていない（かもしれない）情報がある」に過ぎません。こういうときこそ「クールヘッド」で落ち着いて、冷静に調査から始めましょう。

## ✓ 不正受給の調査で気をつけること

　不正受給の疑いがある際の調査で、最も気をつけなければならないの

は、**すぐに被保護者に聞き取ろうとしない**ということです。

　特に外部から不正受給の情報提供があった時は、何よりも事実確認が重要です。憶測や被保護者との関係性からの誹謗中傷のこともあり、事実確認もせず被保護者本人に尋ねることは慎まなければなりません。

　まずは、入った情報と届出がされているものとの差異を確認しましょう。収入申告書や資産申告書といった書類が提出されておらず、差異が確認できない場合は、被保護者に提出を指示します。このときの指示は不正受給の確認ではなく、単に保護の決定、変更に必要な書類が提出されていないことに対する提出指示であることに注意してください。

　虚偽の居住実態が疑われるものは、事実確認がとても難しいです。定期の家庭訪問だけでなく、事前連絡無しで臨時の家庭訪問を行ったり、不在が続く場合は居室内での事故も考えられるため、電気・ガス・水道メーターなどライフラインの使用状況の確認も行ったりしましょう。

　生活保護法第29条による金融機関や雇用先など関係先への調査も行いますが、就労収入に関わる差異の確認は被保護者への聞き取りのあとにすることにして一旦保留しましょう。被保護者の中には雇用先に生活保護を受給していることを告げていない場合があり、雇用先に知られてしまうことで、同僚にも知られたくないことを知られるなど不利益を被ることが無いとは言えません。

　不正受給の疑いがあったとき、ケースワーカーが行うのは「事実の確認」であって、警察が行う「捜査」ではありません。被保護者が就労している就労先に行ってみたり、居住実態を確認するために家の前でいわゆる張り込みをしたりするのではなく、普段から行っているケースワークの範囲で事実を確認することが、ケースワーカーの行う「調査」です。

**POINT**

## ケースワーカーがやるべきことは「捜査」ではなく「調査」。

# 4 | 返還(徴収)決定で聞こえる 「ロクサン」と「ナナハチ」

## ✓ その返還は「ロクサン」ですか？ 「ナナハチ」ですか？

「それ、ロクサンなの？ ナナハチなの？」

生活保護費の返還(徴収)決定を行うとき、必ず聞かれるのがこの「ロクサン」と「ナナハチ」。

「ロクサン」は生活保護法第63条による返還金、「ナナハチ」は法第78条による徴収金です。どちらも既に被保護者に支給された生活保護費を返還させるものですが、意味合いは異なります。

法第63条による返還金は、「資力があるにもかかわらず、保護を受けたとき」にその費用を返還させるというもので、単に保護費が過払いになったことから、その過払い分を返還させるものです。そのため、保護費の算定誤りなどによっても生じます。

その一方で、法第78条による徴収金は「不実の申請その他不正な手段により保護を受け」たときにそれを徴収するものです。

したがって、最終的に「不正受給」と呼ばれるものは「ナナハチ」による徴収決定を行ったもののみを指し、「ロクサン」による返還決定を行ったものは不正受給として扱われません。

## ✓ 2つの違いで返還額が変わる

不正受給が疑われるケースで、この「ロクサン」と「ナナハチ」の違いを理解することはとても大切です。なぜなら、この2つの扱いにより

返還額が変わってくるからです。例えば、就労収入の未申告等で生活保護法第63条により返還決定を行う場合は、勤労控除などを行い通常の収入認定と同じ手順を踏んで生活保護費の過支給額を計算します。一方、法第78条による徴収金では、控除が認められない、加算額が発生するなどその額が大きくなる場合があります。不正受給が疑われるケースでも、「不実の申請」や「不正な手段」である証拠が明らかに確認できない場合は、法第63条が適用になる場合があります。

**→ 生活保護法第63条返還金と第78条徴収金の違い**

| | 第63条返還金 | 第78条徴収金 |
|---|---|---|
| 債権の種類 | 公債権 | 公債権 |
| 控除 | 有り<br>（勤労控除・自立更生費） | 無し |
| 加算 | 無し | 有り（最大40％） |
| 強制徴収 | 出来ない<br>（生活保護法第77条の2による徴収金を除く） | 出来る |

## ✓ 「ロクサン」「ナナハチ」の決定と判断

　不正受給の疑いで発見された収入や資産を、「ロクサン」にするのか「ナナハチ」にするのか、最終的な判断はケースワーカー個人が行うことではなく、福祉事務所全体として行うことです。

　正しい判断ができるように、また、不服申立てがあっても説明できるように、ケースワーカーは「ロクサン」と「ナナハチ」のいずれにあたるのかを、被保護者からの聞き取りや調査を行い、情報を整理しましょう。

**POINT**

**「ロクサン」と「ナナハチ」は同じようで全然違う。**

# 5 | 被保護者と面接するときに気をつけること

## ✓ 不正受給にかかる面接はいつもと違う

　調査を経て、一定の事実確認ができれば、被保護者と面接を行います。このときの面接は、普段、家庭訪問で行う面接や、被保護者が来庁したときに行う面接とは違う注意点があります。

**原則的に福祉事務所内で面接する**

　調査した結果や過去の保護記録を用意して、被保護者から質問があったときにもすぐ答えられるように準備しましょう。

**複数人で面接する**

　SVなどに同席してもらい、被保護者との面接の内容を確実に記録しましょう。

**あらかじめ日時を調整して十分な時間を取る**

　被保護者には都合の良い日時を確認して、説明、聞き取りをするのに十分な時間を確保してもらいましょう。

　被保護者と面接の日程調整をするとき、被保護者はいつもと違う雰囲気を感じ取るかもしれません。最初はなるべく穏やかに「少し時間を取って、しっかりと面接させてほしいんだけど」「いつだったら大丈夫かな」と提案してみるのが良いでしょう。

## ✓ 被保護者の聞き取りは慌てずに

　被保護者との面接は、まずSVなどが同席することを伝えたうえで、

不正受給という言葉は出さずに、発見の契機となった情報の内容（不正が疑われる内容）と、既に行った生活保護の決定との間に差異が出ていることを伝えます。

就労収入の未申告であれば、「課税調査で給与収入があったことが分かったけれど、収入申告書に書いていない。覚えはないか？」といった感じです。慌てて、調査した内容全てを伝えてしまわないで、被保護者に一つ一つどうしてその差異が出ているのか、理由などを尋ねましょう。

単に届出が遅れていたり、忘れていた場合であれば、すぐに被保護者からそういう申し出があると思うので、収入申告書や申出書にその旨を書いてもらいます。一方で、「知らない」などと、収入の事実を否定する場合も、その申立内容を書面にしてもらって、その時点での立場を明確にしておきましょう。

大切なのは、この面接は「不正受給を責める場」ではなく、あくまでも不正が疑われる事案の**「事実確認をする場」**であることを意識することです。調査した資料は一旦脇に置いて、被保護者の証言や提出される資料を十分に検討、確認しましょう。

面接の最後には、その日の面接で確認した内容を改めて、被保護者、ケースワーカー、同席したSVなどで共有しましょう。そして、給与明細、通帳、年金証書など、事実を確認するために必要な挙証資料があれば、改めて提出を求める口頭指示を行ってください。

不正受給にかかる被保護者との面接は一回で全てを行おうと思わず、可能な限り時間を取って、必要であれば生活保護法第27条による指示を行い、何が事実なのかを確実に把握し、そして、最終的な判断は職場でのケース診断会議などを経て、組織的に決定しましょう。

**POINT**

> **まずは、被保護者の言葉を聞いて、**
> **事実確認をしっかりと行うこと。**

# 6 | あなたを守る 保護記録のつくり方

## ✓ 返還（徴収）を決定しても取り消されることがある

　生活保護法第63条、第78条による決定を含む生活保護の開始・停止・廃止・変更などの決定、処分に対して、被保護者が不服である場合、法や行政不服審査法に基づいて審査請求を都道府県知事等に対して申し立てることができます。また、その審査請求の結果に対しても、厚生労働省に対して再審査請求を申し立てることが可能です。つまり、被保護者は「不正受給ではない」と主張する権利があります。

　審査請求が出されると、審査庁（都道府県等）から、決定を行った福祉事務所に対して、請求内容に対する弁明書（審査請求内容に対する福祉事務所の見解）を提出するように通知がされるので、ケースワーカーが中心となって弁明書を作成しなければなりません。

　しかし、弁明書を提出しても、結果として決定処分の取り消しになることがあります。「取り消し」になるぐらいだから、処分そのものが誤っていたからだと思うかもしれませんが、実は手順に不備や不足があるという理由でもそういった審査結果になることがあります。

　処分の取り消しになると、決定までに行った調査ややり取りが手戻りになって、再び手順を踏まなければいけなくなります。それだけでなく、被保護者は処分の取り消しをもって、元の処分決定を行った福祉事務所やケースワーカー個人に対して不信感を抱くこともあるでしょう。

　そういったことにならないように、審査請求があったとしても冷静に対処できるように事務処理を進める必要があります。

## ✓ あなた自身を守る生活保護記録の書き方

　審査請求で作成することになる弁明書は、保護記録を元に作成します。審査請求で手順に不備や不足があると判断されないようにするために、次のような点に注意して記録を作成しましょう。

### 日時をしっかりと書く

　指導・指示や、調査、面接、返還決定に関わる処理は全てしっかりと日時を記入しておきましょう。特に挙証資料の提出を求める場合は「○月○日までに」と期限を明記し、その書類の提出が期限内にされたのかどうかが確認できるようにしましょう。

　また、指導・指示は被保護者が履行できるように十分な期間を取りましょう。

### 法的根拠をしっかりと示す

　「○○を出すように伝えた」ではなく、「生活保護法第27条に基づき○○を▲日までに提出するように口頭指示した」と書いたり、生活保護法第63条もしくは第78条による判断をした理由など、その指導・指示や決定がどういった根拠に基づいているかは逐次記載しましょう。

### 被保護者の行動・発言をはしょらない

　特に被保護者との面接を行った際の記録には、本人の申立てはあまり省略しないようにしましょう。例えば、「■■について否定した」ではなく、「■■については、××と否定した」と書きます。言った、言わないは記録を元にしか判断できません。可能であれば、申立内容は書面に残すなどの対応が良いでしょう。

---

**POINT**

**審査請求にも耐えうる正しい事務処理を心掛けよう。**

# 7 | 被保護者へのアフターケア

## ✓ 不正受給を行ってしまった後にすべきこと

　返還（徴収）決定を行った際、その決定額を一括で返納してもらえることは、あらかじめ受領する日が分かっている各種年金や保険金などのような例を除いてほとんどありません。

　特に不正受給に至っては、多くの場合、発見時点で手に入れた現金を使ってしまっています。そのため、その被保護者の生活保護は続けながら、徴収額のほとんどを分割による徴収として取り扱うことになります。

　一か月あたりの分割徴収額については、生活保護費が返済の原資になり、被保護者にとって最低生活の維持に必要な額を残さないといけないので、単身者で月5,000円、複数人世帯で月10,000円が返済（徴収）額の目安とされています（他人介護料や介護保険料を除く加算や勤労控除がある場合はその額を目安の上限に加えても差し支えありません）。

　生活保護法改正により、平成26年7月1日以降に支給された生活保護費に対する返還（徴収）額の多くは、生活保護費を調整、いわゆる天引きすることができるようになったため、ケースワーカーが被保護者に返還納付を指導することは少なくなりました。しかし、引き続き生活保護を続ける限り、ケースワーカーはその被保護者を支援する立場になります。

　こういった被保護者に対して、ケースワーカーはどのように振る舞えば良いでしょうか？

## ✓ 再発防止のための注意、指導はSVとやる

　返還（徴収）決定を行うとき、その決定書類は可能であれば手渡しするのが理想です。その際、再度同じような行為を行わないよう生活保護法第27条に基づき文書指示を行うとともに、本人に文書指示の内容を理解し、不正なことを行わないと書面にして誓約させると良いでしょう。

　この時の面接は、可能であればSVが同席し、被保護者への指導・指示はSVにその役割を担ってもらえればと思います。被保護者はその処分がケースワーカー個人によるものでなく組織の決定と理解でき、その後のケースワーカーとの関係性の悪化を防ぐことができます。

## ✓ 不正受給があっても変わらぬ態度で

　不正受給にかかる事務処理が終わり、その後、改めて家庭訪問を行ったり、助言を行ったりするとき、基本的には以前の対応とも、他の被保護者への態度とも変わらず被保護者と接しましょう。

　不正受給額が多額でありながら生活保護の適用は続き、月々の返済額が少ないため、被保護者の生活はあまり大きく変わりません。そのため、モヤッとした感情を覚えることもあるでしょうが、処分決定を終えた時点でそのことは切り替えて考えてほしいと思います。

　「罪を憎んで人を憎まず」と言います。ケースワーカーの仕事の本分はやはり被保護者の支援です。本当に悪質なものは告訴といった手段もあります。この機会に制度の趣旨、目的をはっきりと分かってもらって再発を防止策をとりつつ、目の前の被保護者に向かい合いましょう。

**POINT**

> 処分決定が終わったら、頭を切り替えて、
> あらためて被保護者にしっかり向き合おう。

# 福祉を「お金」で考えることで仕事への理解が深くなった

大阪市・現ケースワーカー・Kさん

**民間からの転職組と聞きましたが、以前はどんな仕事を？**

　大学を卒業したあと、保育士として5年間働いていました。子相（児童相談所）で働きたくて、その経験になればと思っていました。その後、発達障害児の療養施設で5年間働いたあと、大阪市に転職して、ケースワーカーになりました。

**以前の仕事と比べて、ケースワーカーの仕事は難しいですか？**

　被保護者の対応では特につまずくようなことはなかったのですが、「お金」が仕事に直結しているというのが理解できなくて苦労しました。

　今までの仕事と違って、ケースワーカーの仕事は「どうして困っている人に、お金やサービスを提供できないのか？　福祉ってそういうものじゃないだろ」と思うことが多くて、どうにもすっきりとしていませんでした。ですが、この仕事について半年くらい経ったときに、生活保護費として支給している「お金」の元は税金で、この仕事に対して厳しさを持つことの意味を「お金」を中心に置くと、すっと自分の中に入った気がしました。

　今までは福祉を「お金」で考えることなどありませんでした。でも、ここでは被保護者は本当に「お金」に困って生活保護を受けている、ケースワーカーは公務員として税金を預かっていることの意味も分かったうえで被保護者を支援している。福祉に携わるということへの理解が深くなったように感じています。

　ケースワーカーの仕事の面白さと難しさを実感しています。

**ひとくち memo**

民間での経験や感覚とのギャップを感じたというKさん。この感覚を共有することでケースワーカーの仕事への理解が深まりそうです。

CHAPTER **6**

# 一人前の
# ケースワーカーに導く
# ＋αの知識

# 1 | 保護の補足性を理解して 他法他施策を活用しよう

## ✓ 「他ではできない」をカバーする保護の補足性

　生活保護制度は「最後のセーフティネット」と呼ばれるように、雇用、社会保険、年金制度など、様々な社会的な仕組みや社会保障制度ではカバーしきれない部分を担っています。

　そのため、生活保護法第4条では、次のように書かれています。

---

　（保護の補足性）
　第4条　保護は、生活に困窮する者が、その利用し得る資産、能力その他あらゆるものを、その最低限度の生活の維持のために活用することを要件として行われる。
　2　民法（明治29年法律第89号）に定める扶養義務者の扶養及び他の法律に定める扶助は、**すべてこの法律による保護に優先して行われる**ものとする。
　3　前2項の規定は、急迫した事由がある場合に、必要な保護を行うことを妨げるものではない。

---

　他の制度や法律、本人の自助努力を保護に優先させる「保護の補足性」を記した第4条は、生活保護の申請時に「生活保護を適用すべきか、そうでないか」を判断するためだけに考えるものではありません。

　むしろ、生活保護を適用しているときにこそ、ケースワーカーはこの第4条を意識してほしいと思います。ここに書かれている「この法律（＝生活保護法）による保護」に優先することが一つでも被保護者の状況に加われば、被保護者は生活保護を受けずにすむ（自分自身で生活を維持

できるようになる）状態に近づくことができます。

　就労指導、療養指導、扶養援助照会など、被保護者に対して行う助言や指導が、全てこの第4条に書かれている「保護に優先して行われる」考えに繋がっています。単に「仕事をしなさい」「通院しなさい」と通り一遍のことにこだわるのではなく、被保護者の自立に近づくために活用できるものは何かを考えて、偏った助言、指導に固執していないか、広い視点で捉えて支援しましょう。

## ✓ 「生活保護を受けていなかったら」どうなる？

　生活保護に優先すべき「他の法律に定める扶助」として、「生活保護法による保護の実施要領」では身体障害者福祉法や雇用保険法など40の法律が明示されています。

　もしも被保護者がこれらの法律による保障や援助を受けることができるのであれば、積極的に活用できるように支援しましょう。

　といっても、全ての法律の内容を熟知することはとても難しいです。皆さんはそれぞれの法律や制度の内容を深掘りするよりも、担当する被保護者がそれぞれ抱えている困りごとから、活用できる他法他施策はないか、とあたっていくのが得策です。例えば最近失業された方に対してなら、雇用保険はどうなっているかと確認するといった具合です。

　他法他施策の活用にあたって、年金など収入が増えることで、支給する生活保護費が変化する場合もあります。「生活保護を受けていなかったらどんな不都合が生まれるか」を考えて、被保護者に必要なものを検討しましょう。それにより、その人にとっての自立の形が見えてきます。

**POINT**

「保護の補足性」を意識して、
幅広くその人にとって何が必要かを考えよう。

# 2 | 精神疾患を抱える被保護者には長期の支援を意識する

## ✓ 精神障害者保健福祉手帳より自立支援医療の申請を

　精神科の診療所や病院に通院している被保護者に対して、精神障害者保健福祉手帳の取得をすすめることがあります。

　手帳を取得する（障害認定を受ける）ことにより、程度によっては障害者加算がつき、受け取る生活保護費の額が増えたり、交通機関や施設、サービスの障害者割引を受けられたりするなどのメリットがあります。

　しかし、メンタルヘルスに不調を抱えている方は、手帳を取得することに拒否感がある人も少なくありません。他法他施策の活用だからと障害者認定を受けることを強く指導するよりも、まず定期的な通院と自立支援医療の申請を促すところから始めると良いでしょう。

　自立支援医療は心身の障害の除去・軽減のための外来治療にかかる医療費を軽減する制度で、精神疾患による通院（精神通院医療）や身体障害での障害の除去・軽減のための手術等（更生医療、育成医療）にかかる医療費の自己負担額が少なくなります。

　生活保護が適用されている間は、自立支援医療を利用していなくても医療費は医療扶助で支払われるため自己負担額はなく、経済面では被保護者にとってはあまりメリットが感じられません。

　ですが、この制度は生活保護を適用されていないときにも利用できます。メンタルヘルスにかかる病気は長期的な通院、治療が必要になることも多いので、手帳の取得よりも先に利用を促し、主治医に相談のうえ保健所で手続きするように助言しましょう。

自立支援医療が適用になれば、手帳を取得していなくても、障害福祉サービスの利用を検討することができるようになります。

　部屋が片付けられずに不衛生になっていたり、きちんと食事が取れなかったり、外に出ることができず買い物などに苦労していたりと、障害が影響する個々の状況は違いますが、ヘルパーの派遣や外出支援などの障害福祉サービスを利用することで、本人が苦しく思っていることを解消できる可能性があります。

　精神障害者保健福祉手帳の取得や障害年金の受給などは、そういった本人の抱える問題解消の延長線上で活用を検討しましょう。

## ✓ 障害者加算の認定等級に注意

　障害者加算は２段階の基準があり、身体障害「１級、２級」の場合と「３級」の場合とではその加算額が異なります。

　注意しなければいけないのは、精神障害における等級と身体障害との等級は扱いが異なるという点です。精神障害１級は身体障害１、２級と同じ加算額になりますが、精神障害２級の場合は身体障害３級の加算額になります。これは障害者加算の認定基準が身体障害は身体障害者福祉法施行規則に基づくことに対して、精神障害や知的障害は国民年金法施行令に基づいて認定されるからです。

　特に精神障害の２級、３級が間違いやすく、一度間違えて認定してしまうと、なかなか気づくことができず、過支給となると生活保護法第63条の返還金になってしまうこともあります。障害者加算を認定するときは特に注意しましょう。

### POINT

**手帳の取得よりも、通院、治療といった
長期の支援に繋げる方向を考えよう。**

# 3 | 依存症の対応では 被保護者自身に興味を持つ

## ☑ 「酒を飲むな」は逆効果

　被保護者の中には、生活保護費の多くをアルコール、薬物、ギャンブルなどに使ってしまう依存症を抱える人がいます。

　こういった依存症の中でも、アルコール依存症は多くのケースワーカーにとって「理解できるようで、理解しづらいもの」でしょう。薬物やギャンブルとは違い、お酒はケースワーカーでも嗜む人が結構いるかと思われます。「私も飲むけどそこまで飲まない」と思って、アルコール依存症を抱える被保護者に「お酒を飲まないように」や「病院に行って治療するように」と注意したことはありませんか？　この言葉は、本人のことを思って注意しているつもりでも、実は逆効果になってしまいます。

　そういった方は依存症に至るまでの間に、多くの困難に接しています。それは仕事、身体面の不調、経済面の問題、家族・親族との関係など様々なことが原因になって起こります。追い詰められてどこにも逃げ道がなく、相談する相手もいなくなった結果、手近にあるお酒にその救いを求めているのです。ですから、救いである「お酒を飲むこと」に対して、何も考えずに「止めなさい」ということは、その救いを単に奪うことにしかなりません。

　では、皆さんはどういう形で依存症を抱える被保護者に接したらよいでしょうか？　それは、依存症を抱えるその**被保護者に関心を持つ**ことです。

## ✓ 話すことができる関係を築く

依存症を抱えた被保護者を担当することになった場合、ケースワーカーがまずすべきなのは、断酒や通院を指示することではありません。

前任者から引き継いだのであれば、まずは保護記録に記された生活歴を読み返したり、家庭訪問や来所時に少し長めの面接を行ってみたりしましょう。

その際、アルコールの摂取量や頻度、ギャンブルで使った金額などといったことは本人が話すのでなければ無理に聞き出す必要はありません。専門病院への通院やどのような治療を受けているのかなども、この時点ではあまり重要ではありません。

むしろそういったことよりも、「お金がない」や「体調が悪い」といった、被保護者が今、何に困っているのかという現状を確認しましょう。依存症の原因探しではなく、課題を認識することが大事です。被保護者は依存症に至る過程で、家族や友人など相談できる先を失っていることが多いので、もしも何も聞き出すことができなかったとしても面接をした、話をしたということでも最初は十分です。

まずは、被保護者にとってケースワーカーと話す、相談するということが抵抗なくできるような関係性を作ることを目指しましょう。

そして、被保護者が困りごとを話すようになれば、その困りごとを依存する対象（お酒など）に繋いで考えて、助言しましょう。例えば「お金がない」という困りごとであれば、どれくらいお酒を買っているのかということを聞いて、少しだけ買う量を減らして節約してみようかと提案してみるといった具合です。「お酒を飲むな」ではなく、「（お酒を買わずに）節約してみよう」という置き換えをすることで、お酒を飲むことを責められているのではなく、お金がないという困りごとへの助言として比較的受け入れてもらいやすくなるかと思います。

そして忘れてはいけないのが、面接や会話の中で、対象者の変化に気

づき、良い兆しが見えれば、**声にして褒める**ことです。顔色が良くなった、部屋が以前よりも片付いている、ずっと家にこもりっきりだったのにケースワーカーと話すために来所した、そういったことに気づけば、声にしてそれを伝えてください。そのためには、普段から被保護者に関心を持っていないといけません。

　依存症からの回復に、特効薬はありません。依存症を抱える人と接するときに、お酒をやめることが「できない」、専門病院に通院することが「できない」とできないこと探しをするのではなく、「できること探し」をしましょう。

　家庭訪問や生活保護費の支給、医療券の交付申請で来所する際など、ケースワーカーは日頃からその方と接する機会を作ることができます。ケースワーカーの「できること探し」からの言葉が回復のきっかけの一つになるのです。

## ✓ 専門機関の力を借りて家族を支援する

　依存症は本人だけの問題ではありません。同居している、していないにかかわらず依存症を抱える被保護者を心配している家族がいるときは、そちらへも目を配って支援してもらいたいと思います。

　家族への支援は、依存症を抱える被保護者への対応とは違い、精神保健福祉センターや専門病院での専門相談に繋げるのが良いでしょう。個別の専門相談で具体的な依存症への知識や、その方への接し方や依存症問題への対処方法を学ぶことができ、家族教室といった機会に同じ問題を抱える方と話すこともできます。

　家族は、ケースワーカーよりもはるかに近い位置で当人に接しているため、その方に与える影響も、その方から与えられる影響も大きくなります。当人と同じように家族も、依存症については他人になかなか相談することができないので、一人で抱え込まないように助言しましょう。

## ✔ 依存症への理解を深めよう

　専門病院や自助グループに繋がっている被保護者は、専門的な治療に繋がっているものとして、ケースワーカーはその対応を専門機関などに任せっきりになってしまいがちです。

　そうならないためにも、機会を見つけて、その被保護者が通院する専門病院や自助グループを見学したり、依存症対策全国センターのホームページを調べたりすることをおすすめします。

　ケースワーカー自身も比較的経験しやすい病気と違って、依存症は、意識的に知ろうとしないと理解することができません。一般的な依存症の知識や対処方法を学ぶことで、対象者が抱える困難を少し知ることができます。ケースワーカーは対象者と専門病院、家族、そして地域でその方を支援する側との繋ぎ役になることを意識しましょう。

### → 依存症対策全国センター

　アルコール、薬物、ギャンブルなど各種依存症に関する一般的な知識を学ぶことができます。

　また、全国の相談窓口、専門医療機関、自助グループの連絡先も掲載しています。

https://www.ncasa-japan.jp/understand

**POINT**

**依存症への対応は「できないこと探し」ではなく「できること探し」が大切。**

# 4 | 介護保険と 地域包括支援センター

## ✓ 介護保険の生活保護上の取扱い

　介護保険サービスが必要になったとき、生活保護ではその費用を介護扶助により現物給付します。仕組みとしては医療扶助と同じように、介護券を交付し、自己負担分を実施機関が支払います。

　介護保険は年齢で分かれ、65歳以上の高齢者は第1号被保険者、40歳から64歳までの医療保険に加入している方が第2号被保険者です。65歳以上の被保護者には生活扶助に介護保険料加算がつくため、保険料はそこから支払われます。一方、通常、40歳から64歳までの方は、医療保険料と合わせて介護保険料を徴収します。この年齢の被保護者は介護保険料を支払えず、介護保険の被保険者となることができません（仕事についており、公的医療保険に加入している方を除く）。

　そのため、特定疾病などで介護サービスを必要とする40歳から64歳までの被保護者には、介護保険の第2号被保険者と同様のサービスを利用できるように、「みなし2号被保険者」として介護扶助を行います。

　通常、介護保険サービスの自己負担額は1〜2割ですが、「みなし2号」は介護保険被保険者でないため、10割を介護扶助で支給します。

## ✓ 地域包括支援センターの役割

　地域包括支援センターは、介護保険法に定められた高齢者のための「総合相談窓口」です。その地域に住む65歳以上の高齢者、またはその

支援のための活動に関わっている方が利用することができます。

　高齢者の様々な困りごとに対応する「総合相談」のほか、要介護状態になる前の予防を支援する「介護予防ケアマネジメント」、高齢者虐待の防止、対応や成年後見制度の活用をサポートする「権利擁護」、地域全体で高齢者を支える仕組みを作り、地域ケア会議を開催したり、ケアマネジャー（介護支援専門員）を個別に支援したりする「包括的・継続的ケアマネジメント」といった業務を担います。

　地域包括支援センターには、保健師（または看護師）・社会福祉士・主任ケアマネジャーの3職種を配置することになっており、それぞれの専門性を活かしたチームアプローチにより相談者に対応します。

### → 3職種の主な仕事

| 保健師（看護師） | 介護予防給付、介護予防事業のプラン作成。要介護状態予防や身体状況の悪化防止など |
|---|---|
| 社会福祉士 | 各種相談対応。虐待の防止や早期発見、その他権利擁護に関わること |
| 主任ケアマネジャー | 地域ケア会議の開催。ケアマネジャーへの相談や助言、支援困難な事例への指導や助言 |

　地域包括支援センターは、高齢者の様々な問題についての相談・支援のハブとなるところです。また、センター、市町村が主体となって行う地域ケア会議は、被保護者と関わる関係者が参加します。その人たちと連携すると、ケースワーカーが問題を抱え込むことが少なくなります。会議の参加を要請されれば、ぜひ参加してください。高齢者の困りごとは、地域包括支援センターへの相談を選択肢に入れましょう。

**POINT**

## 地域包括支援センターは、高齢者支援のハブ。

# 5 | 地域の福祉を知る 社会福祉協議会の活動

## ✓ 社協ってどんなところ？

　社会福祉協議会、通称「社協（しゃきょう）」は、民間の社会福祉活動を推進することを目的とした民間組織です。社会福祉法に基づいて、各都道府県、各市町村、地区に社会福祉協議会が設置されています。

　市町村、地区の社会福祉協議会は、地域振興会などの住民団体、民生委員・児童委員、社会福祉施設や社会福祉法人、保険・医療・教育などの関係機関が参加、協力しています。ここではボランティアセンターの運営、高齢者や障害者の配食サービス、福祉団体の事務局として研修会の開催、居宅介護支援事業、赤い羽根共同募金の啓発活動など地域福祉に関する様々な事業を行っています。

　地域包括支援センターの運営のほか、日常生活自立支援事業、生活困窮者自立支援制度による相談業務といった行政機関からの委託を受けて行う事業も多く、ケースワーカーが接する機会も頻繁にあります。

## ✓ 被保護者と関わりのある2つの事業

　社会福祉協議会が行う事業から、比較的、被保護者が利用する機会がある2つの事業をご紹介します。

### 生活福祉資金貸付制度

　低所得者、障害者または高齢者を対象とした貸付制度ですが、生活保護を受けている方でも、自立更生のためにあてられる場合には貸付けを

受けることができます。

生活福祉資金は次の４種類です。

**総合支援資金**　失業など、生活の立て直しのための継続的な相談支援（就労支援、家計指導等）と生活費及び一時的な資金

**福祉資金**　日常生活や自立した生活を送るために、一時的に必要になる費用や、緊急かつ一時的に生計の維持が困難な場合の少額の費用

**教育支援資金**　子どもが高校や高専、大学などに入学、就学するために必要な経費

**不動産担保型生活資金（リバースモーゲージ）**　一定の居住用不動産を担保として生活資金を貸し付ける資金。貸し付けられた生活資金により生活保護は停止・廃止になります。

**日常生活自立支援事業**

認知症や精神障害、知的障害を抱えており、判断能力が不十分な方が安心して生活できるように、日常的な金銭管理や定期的な家庭訪問を行います。

市区町村の社会福祉協議会は、幅広く地域の福祉に携わっていることもあり、町会長や民生委員・児童委員、地域の福祉活動や福祉資源に詳しい人など、その地域で「顔が広い」人が多く活動しています。

被保護者の相談で直接的に関わることは少なくても、社会福祉協議会が行っている事業や活動を知り、時にその活動に協力や参加をすることで、施設や制度だけではないその地域の社会福祉に関わる人々と繋がるきっかけを得ることができます。

**POINT**

## 地域の方々との距離が近い
## 社会福祉協議会の活動を知ろう。

# 6 | 児童相談所との連携で子どもをサポートする

## ✓ 児童相談所は子どもを一番に支援するところ

　児童相談所、通称「児相」は、児童福祉法に基づき設置されている「（18歳未満の）子どもに関する児童福祉の専門機関」です。都道府県に設置義務があり、都道府県、政令都市により全国に225か所（2021年4月1日現在）設置されています。

　2006年4月より中核市でも設置可能になりましたが、全ての自治体で設置されているわけではないので、ケースワーカーの中には、少し距離感を感じている人がいるかもしれません。

　児童相談所では、子どもを育てていく中で現れる様々な悩みの相談に応じています。「子どもがわがままで言うことを聞かない」「落ち着きがない」「ことばの遅れがある」「学校に行かない」など親からの相談もあれば、子ども本人からの相談も受け付け、常に子どもの立場を優先して解決にあたります。

　家庭で生活できない子どもは、乳児院、児童養護施設、児童自立支援施設、知的障害児施設、肢体不自由児施設などの児童福祉施設へ入所させたり、緊急に保護が必要な場合は一時保護することがあります。

　その他にも知的障害を抱える子どもへの療育手帳の交付や、親と暮らせない子どもを、施設ではなく家庭で養育する里親制度についても担当しています。

　児童相談所の職員は、児童福祉司、児童心理司、医師、保健師などが配置されています。なかでも児童福祉司は子どもとその家庭の相談に対

応するので、「（児童相談所の）ケースワーカー」と呼ぶことがあります。

## ✓ 児童相談所としっかりと連携を取ろう

　児童相談所は親、子ども本人だけではなく、その子どもに関することであれば、同居・非同居にかかわらず子どもの家族、子どもが通う学校の先生、地域の方々からの相談も受け付けています。もちろん、子どもを担当するケースワーカーも相談が可能です。

　私がケースワーカーのとき、その区を担当する児童福祉司が頻繁にやって来られ、子どもの養育で問題のある家庭の情報共有や発達の遅れのある児童についてのアドバイスをしてくださっていました。こうした児童福祉司との日頃からの情報交換、連携は、ケースワーカーからは見えにくい児童の状態や児童の養育上からの世帯の課題を掴むことができます。

　特に児童虐待が疑われる事例の対応は大切です。虐待の通告は児童相談所だけではなく、福祉事務所もすることができる（児童福祉法第25条）ことになっているので、通告を受けた場合は、すぐに担当の児童福祉司に連絡を取りましょう。

　児童相談所が児童福祉法第33条に基づく子どもの一時保護を行った場合、その子どもは世帯から一旦離れるため、生活保護は停止されます。なかには、児童相談所の対応に不満を持った子どもの親と児童相談所との関係が悪くなったり、子どもが家にいないことで親が精神的に不安定になったりすることもあるので、一時保護を行っている間の親の状態には注意を払い、密接に児童相談所と連携を取る必要があります。

> ### POINT
> **福祉事務所と児童相談所がそれぞれ掴んでいる情報で、
> しっかりとした連携を取ろう。**

# 7 | 実務に役立つ<br>サイトや資料

## ✓ パワーアップしていくケースワーカーの皆さんに

　本書は、主に生活保護ケースワーカーとして初めて生活保護に接した人を対象に、まず知っておいてほしいことや最初にやっておいた方が良いことなどを説明してきました。

　ですが、紙面には限りがあるので、もっと深く知りたい、勉強してケースワーカーとしてパワーアップしていきたいと思うこともあるでしょう。そんな皆さんに、そのきっかけを掴めるようなインターネット上のサイトや参考書籍などをいくつかご紹介したいと思います。

## ✓ ケースワーカーの自主勉強会などへの参加

　生活保護の現場は、担当している困難事例を一人のケースワーカーが抱え込んでしまったり、周囲に相談しようとしても規模の小さな福祉事務所では相談できる相手がいなかったりします。仕事の内容からも、いわゆる「部外秘」のものが多く、家族にも仕事の悩み事を話せないこともしばしばです。昔ならば厚生労働省や都道府県が開催する研修会などでしか他の自治体のケースワーカーと知り合い、学ぶ機会がありませんでしたが、今はインターネット上でオンラインコミュニティが立ち上げられていたり、医療機関や福祉団体の勉強会も頻繁に開かれていたりします。

　通信環境さえ整っていれば参加費が無料のものも多く、より深く生活

保護や福祉全般について学んだり、交流したりすることができます。

　例えば、全国の公務員が交流できるインターネット上のオンラインプラットフォーム、「オンライン市役所」もその一つです。

　参加資格は「現役公務員」であることのみ。Facebookのアカウントは必要ですが、参加者は自由にイベントや勉強会、交流会などに参加できます。オンライン市役所の中の様々な課の中に「生活保護CW課」もあります。生活保護CW課は現役のケースワーカー、SVだけでなく、私のような元ケースワーカー、元SVなどが参加しています。

　面接技術などを深める勉強会や、より良い仕事をするための「セカンドオピニオン」のようなものを受け取ることもできるので、「なんだかうまくいかないなぁ」という皆さんにこそ、こうした勉強会への参加をおすすめします。

**→オンライン市役所「生活保護CW課」での活動**

▼入会案内

## ✓ 生活保護通知・通達総索引

　「生活保護通知・通達総索引」は、生活保護手帳や生活保護手帳別冊問答集、東京都や大阪市が作成した疑義問答集など生活保護に携わる

ケースワーカーらが参照する各種資料に掲載されている通知や通達、疑義問答などを横断的に検索できる索引簿です。ケースワーカーやSVには無料配布されています。

1,000を超える見出し（キーワード）から、5,000を超える通知や通達、疑義問答がどこに掲載されているのかを瞬時に探すことができます。

例えば、被保護者から「出産祝いに叔母から祝い金をもらったけれども、収入申告しなきゃいけないのか？」というような相談があれば、この索引で「出産」「祝い金」など、キーワードから見出しをたどり、質問に添った通知・通達を探します。すると、「出産、就職、結婚、葬祭等に際して贈与される金銭の取り扱い」という【次】第8−3−(3)−イが生活保護手帳の376ページ（2021年度版の場合）に掲載されていることが分かります。

### → 生活保護通知・通達総索引の使用例

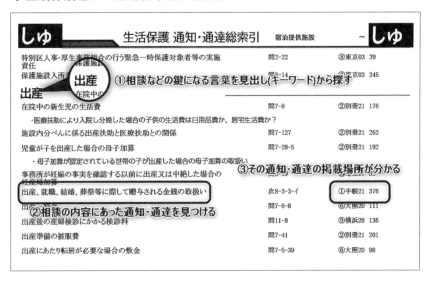

この索引は2003年の公開から、累計750か所を超える福祉事務所、NPO法人、医療機関や介護施設で皆さんと同じケースワーカーや支援

者に使われています。

　新しくケースワーカーになった皆さんは、被保護者からの相談にどう答えたら良いか分からないことも多いと思います。あらかじめこの索引を使うことで、根拠法令や先例を探り、対応策を自分自身で検討し、迅速に被保護者に対してより良い助言、支援を行うことができます。

▼申込みサイト

## ✓ 書籍での学び

　生活保護に関する書籍は、制度の解説や生活保護を受給する被保護者向けなど多数出版されています。その中でも、ケースワーカー向けで、特に経験の少ない人にもおすすめのものを2つご紹介します。

　『〔増補版〕プロケースワーカー100の心得——福祉事務所・生活保護担当員の現場でしたたかに生き抜く法』（柴田純一著／現代書館／2015）は、書籍名のとおり、生活保護ケースワーカーがプロフェッショナルな仕事を進めていく中で、心に留め置くべき100個の事柄を収めています。

　一つ一つの項目がコンパクトに解説されており、主にケースワーカーに向けた実践的な指南

書になっています。忖度なく、厳しい言葉も投げかけられているので、仕事が分かってきた2年目、3年目のケースワーカーにも、10年以上、生活保護の現場で働いているベテラン・ケースワーカーにも役立つノウハウで一杯です。

　生活保護ケースワーカーはどうあるべきかということを知って、より良い仕事を目指す人に特におすすめします。

　また、実務解説書や制度説明の本以外にも、生活保護に関して扱った

小説や漫画も勉強になります。例えば、『健康で文化的な最低限度の生活』（柏木ハルコ著／小学館／2014 ～）は、生活保護を担当する福祉事務所に新卒で配属され、ケースワーカーとして働くことになった義経えみるとその同僚の奮闘を描いた漫画です。

　主人公の義経えみるは、福祉現場の経験がなくケースワーカーになっています。1年目の皆さんだからこそ、共感できるところも多い漫画だと思います。被保護者の死や不正受給など、実際の生活保護の現場でケースワーカーが悩む事例も表現されており、困難事例に携わったときの心の持ちようや、被保護者や関係者との関係構築の参考になります。

## ✓ e-Gov

　「e-Gov（イーガブ）」は、総務省が運営する行政情報のポータルサイトです。国の各府省の電子申請・届出などの案内・受付窓口を一元化することを目的に運営されています。

　厚生労働省や労働基準監督署への手続きの一部が電子申請で行えるほか、パブリック・コメントの意見などを出すことができるようになっています。

　ケースワーカーに限らず便利なのが、「e-Gov法令検索」です。日本国憲法、法律、政令、勅令、府省令、規則、合わせて8,000を超える法令が収録されており、生活保護法など生活保護手帳に掲載されているものだけでなく、各種、名称検索が可能です。

　インターネット上に法文、条文が掲載されているので、検索した法文、条文のコピー＆ペーストができたり、目次には「第○条」といった各条文へのハイパーリンクが張られていたり、全体をHTMLやPDFで

ダウンロードが可能であったりと、生活保護手帳や六法全書のような書籍と比べても便利に活用できます。

　生活保護手帳や各自治体が作成した疑義問答集などの中に、関連する法令などがあれば「e-Gov」で検索して、根拠法令をたどることで、他法他施策の理解が確実に深まります。分からないこと、知らないことをそのままにせず、根拠法令はなるべく調べる癖を付けましょう。

▼e-Gov

## ✓ 生活保護裁決データベース

　生活保護の審査請求において、処分庁（福祉事務所）の決定が違法である、不当な運用であるとしてそれを是正するように出された裁決を、花園大学社会福祉学部社会福祉学科教授・吉永純氏がデータベースにしてまとめて、ホームページ上で検索できるように公開しています。

　2006年から2019年9月までの802の裁決が、争点ごとにカテゴリー分けされており、裁決書の写しをダウンロードすることができます。

　このデータベースは処分庁の決定が誤りであると裁決されたもののみをデータベース化したものなので、正しい決定だった（請求が却下された）ものは含まれていません。ですが、どういったことで誤った事務処理が行われてしまうのかを知れば、失敗を防ぐことができます。自分が処分決定行為を行う前には、ぜひ類似の事例がないかを一度検索して確認することをおすすめします。

▼生活保護裁決データベース

**POINT**

**自分の使いやすい資料を見つけてスキルアップ！**

# みんなで支え、みんなで笑う

オンライン市役所生活保護CW課課長 北海道北見市・現SV・久保田貴紀さん

### 自主勉強会に入ったきっかけは？

丁度、他課からSVに戻ってきた時に、自主勉強会の「オンライン市役所」で「生活保護CW課」を立ち上げてくれました。北海道にいるので、東京などでの全国研修にも簡単にいけないし、道外のケースワーカーと話す機会も少ないので面白そうと思い参加しました。

### 参加してみての感想は？

純粋に面白いなぁと思いました。他の自治体の事情を聞いて、「あぁ、どこも同じなんだ」と思うこともあれば、うちとはやり方が違っていることも。例えばおむつ代の支給方法では、他の自治体のやり方を聞いて、今まで毎月申請書を取っていた方法から、申請書は年に一度で月々の支給は定例決裁というように簡略化できました。

Messengerで質問があれば、その日のうちに課員の誰かがアドバイスをして、みんなで支え合っているなぁと思います。

### 生活保護CW課のおすすめポイントは？

インターネット上で繋がっているので、適度な距離感があるのが良いんじゃないでしょうか。毎日顔を合わせるわけじゃない、でも、ケースワーカーという共通点で、お互いの仕事の苦労とか面白さを共感できる。だから、飾らずに話をできるのが心地良いです。

課のモットー「みんなで支え、みんなで笑う」を続けて、ケースワーカーの拠り所の一つになれればいいですね。

**ひとくち memo**

私がケースワーカーのときに生活保護CW課があれば、ずいぶん気持ちが楽だっただろうに、と思いました。皆さんにもおすすめです。

CHAPTER **7**

# 新人ケースワーカーの
# お悩み相談室

# 1 | 分からないことを 聞かれたときはどうする？

家庭訪問をするときは、いつも緊張でお腹が痛くなります。
特に分からないことを聞かれると、一瞬頭がフリーズするんですよね。どうすれば良いでしょうか？

## ✓ まずは一息。自分自身が落ち着く方法を

　分かります、その気持ち。新人ケースワーカーでもベテランのSVでも変わらないですよ。私も、SVでケースワーカーから質問されたときに、分からないことがいっぱいで内心焦るばかりでした。

　さて、実際にそういう分からないことを聞かれたときに、私がどうしていたかというと、疑問点の交通整理というか、質問内容を自分ごとに落とし込むようにしていました。

　分からないことを尋ねられると、パニックになってしまうものですが、その時はまず一息ということで、ゆっくりと呼吸しましょう。面接時は目の前に相手がいるので深呼吸というわけにはいかないので、鼻から長めに空気を体にいれていくと、ちょっとだけ気持ちが落ち着きます。

　この「自分自身が落ち着く方法」は人それぞれで、先輩ケースワーカーは結婚指輪を触ると言っていて、後輩はノートにオリジナルのキャラクターを落書きすると落ち着くと話していました。

　何も思いつかないときは、目の前の面接とは全く関係の無いことで、すぐできること、例えば、机の下で指を順番に折りたたんでみるとか、フリーズの状態から解除するパターンを作ってしまいましょう。

## ✓ 分からない質問は質問できるくらいによく聴く

　分からない質問は、どれだけ考えても分かりません。その場で回答するのではなく、まずは、回答への道筋を交通整理しましょう。

　これも、人によってやり方は様々ですが、最終的な目標は「その質問を別の人、同僚のケースワーカーやSVに、あなた自身の言葉で質問ができる」ようにすることです。

　具体的な方法の一つとしては、質問のオウム返しプラス質問返しです。「娘が学校で買わないといけない物があるんですが、そのお金って別に支給されませんか？」といった質問に、「娘さんの学校で買わないといけないものですか？」とオウム返しをします。このときのスピードは相手が話すスピードよりも若干ゆっくり目くらいです。そして、オウム返ししていた中に分からないことがあったら、「娘さんが学校で買わないといけないものですか……、えーと、何を買わないといけないんですか？」と質問の細部を尋ね返します。ほとんどの場合は、相手が詳しく説明してくれるので、その繰り返しで質問を自分が理解できるように整理していきます。このやり方の良いところは、ケースワーカーがちゃんと話を聞いてくれていると相手が感じることです。オウム返しの段階で答えを急いでいるため怒り出すような人もいますが、そのときは素直に「ごめんなさい。分からないところがあるので教えてください」と伝えると良いでしょう。

　分からない質問は持ち帰って調べたり、先輩やSVに尋ねたりして、なるべく早めに本人に回答しましょう。

**POINT**

**まずは落ち着く方法を作る。質問はオウム返しから。**

# 2 | 相手のペースに巻き込まれて しまうときはどうする?

家庭訪問に行くと、いつも相手のペースに巻き込まれて、自分が聞きたかったことを話せなくて、何をしに行ったんだっけ? と思ってしまいます。どうやれば自分のペースで面接ができますか?

## ✓ 相手のペースに巻き込まれることを恐れない

　被保護者と面接で、こちらが尋ねたいこと、聞きたいことを十分に準備するのは大切ですが、あまりそれに固執しなくても大丈夫です。

　家庭訪問や面接の場で「相手のペースに巻き込まれる」という気持ちになるのは分かりますが、ケースワーカーの仕事は、大きな意味では、その被保護者の人生の一端に既に巻き込まれているようなものでしょう。被保護者はケースワーカーを選べません。もちろん、ケースワーカーも被保護者を選んでサポートするということはできません。そんな関係の中で解決すべきことは、被保護者側の問題なのですから、面接の場で「相手が話したいこと」と「ケースワーカーが聞きたいこと」が同時にある場合、優先すべきは「相手が話したいこと」です。

　家庭訪問などの場で、相手のペースに巻き込まれそうになったときは、恐れずに一度はそのペースに身を委ねてしまいましょう。「相手が話したいこと」の中には、ケースワーカーに話して解決したいことがたくさん含まれています。ケースワーカーが考えた「話したいこと」以上に、相手の話を聞いてからこちらが話したいこと、尋ねたいことを見つけることが大切です。

なかには乱暴な口調で話す人や、話に妄想が混じる人もいてストレスを強く感じることもあります。その方との面接が初めてなら「今日はそのまま聞く日だ」と頭を切り替えて、全て保護記録に書くつもりで話を聞きましょう。そして次回以降は「自分のペースで話す」ための準備をして面接に臨みましょう。

## ✓ それでも自分のペースで話したいとき

　では、自分のペースで話したい、話さないといけないとき、例えば、生活保護法第27条に基づく指導であったり、不正受給の疑いがあるケースで被保護者当人の意見を聞き取る場合であったりと、ケースワーカーから尋ねたいことが明確になっているときは、「相手が話したいこと」よりも「ケースワーカーが聞きたいこと」が明らかに優先すべきことなので、そのための準備をして面接に臨むようにしましょう。

　具体的には、家庭訪問であれば、SVや先輩ケースワーカーに一緒について来てもらって、その場の会話をコントロールしてもらったり、家庭訪問をするのではなく、被保護者に福祉事務所に来てもらって面接室で話をしたりという形で面接を行いましょう。被保護者にもいつもの面接とは違うんだなと感じてもらえます。

　そういった準備をしたうえであれば、「今日は、こういうことを聞きたい」と伝え、自分のペースで面接を行っても構いません。ただし、その場合でも、高圧的な態度を取るなどいわゆる「完全アウェイ」と被保護者が感じるような面接は避けましょう。

**POINT**

相手のペースに巻き込まれることを恐れず、
そこから何を尋ねたいかを探す。

# 3 | 面接の切り上げ方が 難しいときはどうする?

> 担当しているおばあさん、とてもいい人なんですが、話し好きで、いつもどうやって家庭訪問を切り上げたらいいか困ります。
> 話の内容は昔の思い出話だったり、最近テレビで見たことの話だったりと色々で、話すのが嫌なわけじゃないのですが、仕事中に世間話でこんなに時間を取ってしまっていいのかなぁとも思います。

## ✓ 世間話も悪くありません

　被保護者との面接では2、3分で終わる方もいれば、1時間くらいじっくりと話す方もいて色々です。こちらが10分くらいのつもりで面接に臨んでも、これをコントロールするのは中々難しいでしょう。

　高齢者世帯の被保護者の中には、体は元気で普段からの援助・指導が必要のない方もいます。そんな方の家庭訪問では世間話になることもよくあります。「仕事中にこんな話をしていていいのかなぁ」とのことですが、いいのです。ケースワーカーの家庭訪問の目的は「生活状況等を把握」することですが、世間話をすることで、その方が元気で、どんなことに興味を持って、どんな生活を送っているかということが分かるのですから、十分に訪問の目的を達成しているといえるでしょう。

　また、話し好きな被保護者と話すことも、ケースワーカーとの良好な関係を作るうえでは決して悪いことではありません。

## ✓ 話が長くなるときの切り上げ方は？

　こういった方との家庭訪問のコツは、家庭訪問の負担感に濃淡をつけることです。例えば家庭訪問の予定を立てるときに、あらかじめ事務所に帰ってくる時間を決めておいて、就労指導など比較的負担感を伴う世帯などとセットで話好きの被保護者の家庭訪問を行います。

　先に行く世帯への家庭訪問はケースワーカーにとっては精神的な負担の大きな面接になるので、その面接を終えたあとの話好きの被保護者との面接は少しだけ楽な気持ちで臨むことができます。訪問に濃淡をつけることで、前半の難しい面接時に臨む自分のモチベーションもマネジメントすることができます。あらかじめ帰る時間だけは決めてあるので、前の家庭訪問が長引いても短くなっても、話好きの方との面接は、その決めた時間に「ごめんなさい。今日はこの時間に帰らないといけないんです」と声をかけやすくなります。その時、もっと話を聞きたいなと思えば、帰る時間を変えてしまっても構いません。

## ✓ 話を切り上げた方が良いケースは？

　ただ話好きで話が長くなる方であれば良いのですが、お酒を飲んでケースワーカーに絡んでくる人などは、「お酒を飲んで酔っているときは話せません」ときっぱりと断った方が良いでしょう。毎日のようにケースワーカーとの会話を希望するような方についても、面接を始めるときに「今日は〇分だけしか話せないからね」と時間制限を設定するなどルールを決めてしまいましょう。

**POINT**

**世間話もケースワーカーの仕事の一部。**

# 4 | 養護老人ホーム、特別養護老人ホームの違いは？

「養護老人ホーム」と「特別養護老人ホーム」の違いが分かりません。生活保護のうえでは扱いが違うと聞いたのですが、どんな違いがあるのですか？

## ✓ 養護老人ホームは「措置」、特別養護老人ホームは「契約」

養護老人ホームと特別養護老人ホーム、どちらも一般的には「老人ホーム」とまとめて呼ばれることが多いので、分からなくなりますよね。

「特別」とつくと、養護老人ホームに付加機能がついた施設のように聞こえますが、この2つは全くの別物です。生活保護での取扱いも異なるので、この機会にしっかりと覚えましょう。

「養護老人ホーム」は老人福祉法第20条の4で規定される社会福祉施設です。65歳以上の高齢者で、虐待を受けている人や所得が著しく低い人、路上生活者など「環境上の理由及び経済的理由により居宅において養護を受けることが困難」な方を養護し、その方が自立した生活や社会参加ができるように指導、訓練、援助する施設です。健康状態、家族・住宅の状況等について福祉事務所で入所判定会議を行ったのちに、「措置」により入所します。

「特別養護老人ホーム」は、同じく老人福祉法第20条の5で規定される介護保険施設（介護老人福祉施設）です。概ね「要介護3」以上の身体介護や生活支援が必要な方が入所します。介護保険サービスなので、施設と本人が「契約」して入所します。

生活保護の取扱いは、他法が優先されるので「養護老人ホーム」に入所した場合は、そこでの生活費は生活保護費ではなく老人保護措置費として市町村が負担します。そのため、生活保護は停廃止されますが、措置費には医療費が含まれないため、通院や入院をしたときは医療扶助単給として医療扶助のみを支給します。

「特別養護老人ホーム」は介護保険施設なので、施設での食費や住宅費は介護保険と介護扶助により支払われます。一方で生活費は介護保険の給付には含まれないため、生活扶助分は介護施設入所者基本生活費として算定され、生活保護は継続されます。

### → 養護老人ホームと特別養護老人ホームの比較

| | 養護老人ホーム | 特別養護老人ホーム |
|---|---|---|
| 根拠法令 | 老人福祉法第20条の4 | 老人福祉法第20条の5 |
| 施設の目的 | 生活環境や経済的に困窮した高齢者を養護して社会復帰させる施設 | 原則要介護3以上の要介護高齢者が身体介護や生活支援を受けて居住する施設 |
| 入所時の生活保護 | 停廃止（医療扶助単給） | 継続 |
| 生活扶助 | なし | 介護施設入所者基本生活費として算定 |
| 住宅扶助 | なし | なし |
| 医療扶助 | あり | あり |
| 他の制度による給付 | 措置費（食事代・日常生活諸雑費・住居費） | 介護保険（食事代・住居費） |

## ✓ 名前が紛らわしいその他の高齢者施設

養護老人ホームや特別養護老人ホームのほかにも、「老人ホーム」と名前がついていたり、似たような名称の施設があります。

それらもまとめて整理しておきましょう。

## 軽費老人ホーム（ケアハウス）

　軽費老人ホームは老人福祉法第20条の6で規定されている社会福祉施設です。無料又は低額で、食事や洗濯などの生活支援を受けながら生活できます。A型・B型・C型の3種類がありますが、2008年に基準が統一され、順次C型の「ケアハウス」に切り替わっています。

　軽費老人ホームは基本的に介護サービスが常設されていないため、介護保険サービスを利用する、老人福祉法第20条の6に該当するときは外部のサービスを利用しますが、『特定施設入居者生活介護』という指定を受けた施設は介護型ケアハウスとして、入浴、トイレなどの介助、機能訓練や通院の付き添いなどのサービスを受けることができます。

　生活保護での取扱いはA型であれば住宅費が老人保護措置費でまかなわれるため住宅扶助は支給されませんが、その他は通常の居宅保護と同じです。

## 介護老人保健施設（老健）

　介護老人保健施設は介護保険法第8条第28項で規定されており、主に医療上のケアやリハビリテーションを必要とする要介護状態の高齢者が入所する施設です。在宅への復帰が目的のため、入所できる期間は原則3か月から6か月程度の短期間となっています。

　生活保護での取扱いは、特別養護老人ホームと同じように生活扶助を介護施設入所者基本生活費として算定します。短期間の入所であるため、基本的には入所前の住居の住宅扶助は引き続き支給します。

## サービス付き高齢者向け住宅（サ高住）

　サービス付き高齢者向け住宅は平成13年に改正された高齢者の居住の安定確保に関する法律（高齢者住まい法）により創設された住宅です。バリアフリーな構造や、居住者の状況把握や居住者が生活相談を受けられる体制を整備するなどの一定の要件を兼ね備え、都道府県等に登録されています。

　介護保険事業者と連携して介護サービスを提供することもあります

が、これは「サービス付き」のサービスには含まれず、介護を必要とする方が個別に契約を行います。

　生活保護での取扱いは、一般の住居と同じです。そのため、医療扶助、介護扶助でまかなわれるもの以外の個別サービスが提供されている場合、その費用は被保護者が受け取る生活扶助（生活保護費）から支払うことになります。

### 有料老人ホーム

　有料老人ホームは老人福祉法第29条で、入浴、排せつや食事の介護や提供、洗濯や掃除等の家事、健康管理などのいずれかを事業として行う施設と規定されています。

　生活保護での取扱いは、サービス付き高齢者向け住宅と同じく一般の住居になります。個別のサービスを提供している場合も多く、生活保護の基準内で費用を捻出するのは難しいところがほとんどです。

## ✓ 高齢者の転居や施設入所は慎重に検討しよう

　高齢者の被保護者の住まいを考えるときに、その方の希望だけではなく、身体能力や、介護が必要かどうか、年金などの収入の状況、手続きを行ってくれる身元引受人となり得る親族はいるか、なども考えなければなりません。

　施設への入所検討時は、ケアマネジャー（介護支援専門員）や入院からの入所であれば、入院先のソーシャルワーカーとも、しっかりと連携を取りましょう。

> **POINT**
> 高齢者本人の心身の状態や目的によって、住みやすい施設、住居は様々。「老人ホーム」の違いを知ろう。

# 5 | 身寄りのない単身者が亡くなったら？

単身世帯の方が亡くなったという連絡を病院から受けました。
遺体の取扱いや、葬儀はどうしたら良いでしょうか？

## ✓ まずは手続きを行う人がいるかどうかを確認

病院や警察から死亡の連絡を受けたら、まずは保護記録で連絡を取ることができる親族がいないかを確認しましょう。もしも病院や警察が把握していない人がいれば、その人に連絡を取り、遺体の引き取りや葬儀について連絡を取ってもらうように伝えましょう。

身寄りがなかったり、親族が引き取りを拒否したりした場合などは、ケースワーカーが主導して手続きを進めていかなければなりません。手続きを死亡届出と葬儀に分けて次のように進めましょう。

### 死亡届出

戸籍法上の死亡届は親族、同居者、家主・地主、家屋管理人、後見人、保佐人、補助人、任意後見人及び任意後見受任者が届出することができます（戸籍法第87条）。ケースワーカーは届出人になることができないので、単身で届出人がおらず居宅保護をしていた方は家主に、老人ホームなどの施設に入所していた方はその施設長に署名いただき、死亡時在住の自治体に届出をします。

### 葬儀（葬祭扶助）

葬儀は親族（遺族）の意向が当然に優先されますが、身寄りがなく、誰も葬儀を行う者がいない場合は、墓地、埋葬等に関する法律第9条に

より死亡地の市区町村長が行うこととされています。病院が市外にある場合などは入院先の病院長が行い、居宅保護であれば当該被保護者の地域を担当する民生委員などにケースワーカーが依頼して、葬祭を行います。この際、葬儀費用は申請者（病院長、民生委員など）の資力に関わらず葬祭扶助を支給します（生活保護法第18条第2項）。

## ✓ 葬祭扶助は被保護者に行うものではない

被保護者への生活保護の適用は死亡により廃止になります。

そのため、葬祭扶助は死亡した被保護者本人への扶助ではなく、葬儀を執り行う者への扶助になることに注意が必要です。

この時、葬祭扶助を行う実施機関は、葬儀を執り行う者の居住地を管轄する福祉事務所になります。そして、通常の生活保護の申請同様、葬儀を執り行う者に資力がないことを審査して葬祭扶助を行います。

## ✓ 葬儀が終わったあとに残るお金の扱い方

死亡時に残っていた現金などの資産（遺留金品）は、生活保護法第18条第2項による葬祭扶助に充当したうえで、それでも残る場合は相続の対象になります。相続人がいない場合、裁判所に相続財産管理人の選任申立手続きを行い、選任後に引き継ぎますが、申立て費用がまかなえないほど少額であったり、相続人に受取拒否されたりした場合は、供託所へ弁済供託の手続きを行います（生活保護法施行規則第22条第2項）。

**POINT**

**身寄りがいない＝ケースワーカーが手続きする
ではないので注意。**

# 6 部屋の掃除はケースワーカーの仕事ですか？

単身世帯の方が亡くなり、家賃を（住宅扶助の）代理納付で家主に振り込んでいたので、死亡したことを伝えたところ、部屋を片付けるように言われました。亡くなった方の部屋の掃除をケースワーカーがしないといけないものでしょうか？

## ✓ 部屋の原状回復義務は相続人・家主が負う

　単身被保護者の死亡で、こういう話は良く聞きますね。私も、担当していた被保護者の死亡で部屋の片付けを頼まれて、同僚のケースワーカーと一緒にごみ出しをしたことが何度かあります。

　さて、実際のところ、これを誰がやるべきなのか？　というと、明文化された規定はありません。

　家を借りている人が亡くなった場合でも、その賃貸借契約は当然に終了するのではなく相続人に相続されます。したがって、通常は相続人が部屋の片付けをして、家主に部屋を返します。しかし、相続人がいない場合は、家主や管理会社が負担していることが多いようです。

　ケースワーカーは契約上他人で、相続人でもありません。また、その部屋に居住していた被保護者の死亡により、生活保護は終了しているわけですから、「敷金を支払っているのですから、それで家財などは家主が処分してください」とまずは伝えるのが良いでしょう。

　とはいえ、同じ建物に別の被保護者が居住している場合などは、家主との関係性が悪くなり、非常時の対応など協力が得られなくなるといっ

たこともあります。そこで、死亡した被保護者の遺留金品の調査を行う名目で、最低限のごみ出しをケースワーカーが行う、残った家財の処分は家主が行うという分担をするのが現実的な案になるでしょう。

## ✓ 被保護者のごみを片付けるときの注意点

　被保護者のごみ出しをするときは、何を捨てるか、また、捨てたかをきちんと把握、記録しておくことが大切です。

　遺留金品の調査が目的なので、金銭的な価値のあると思われるものは事務所に持ち帰り、換金できるものは換金し、葬祭扶助に充当します（生活保護法第76条）。

　明らかにごみとして廃棄するもの以外、判断に困るものは残しておいて家主に処分してもらうか、廃棄するにしても何を捨てたかは保護記録に記載しておくのが良いでしょう。

　この例は、単身者の死亡時のごみ出しですが、部屋の片付けが苦手な被保護者に対してヘルパーなどと協力してごみ出しを援助するときにも当てはまります。以前、被保護者に一つずつ確認せず、廃棄した物の記録も正確に取っていなかったため、後になって大切な物をケースワーカーに捨てられたと申し立てられ、問題になったことがあります。

　単身者の死亡時は、相続人や関係者が後から現れることはまれですが、こういったトラブルにならないためにも、ごみ出しや部屋の整理は慎重な対応を心掛けましょう。

**POINT**

**誰の仕事でもないものは、生活保護制度の範囲でできるかどうかを考えて、最後まで援助しよう。**

# 7 | 家庭訪問時の 「お茶」問題は何が正解？

家庭訪問に行くと、お茶を出してくれる方がいます。
普通に今までいただいていたんですが、そのことを先輩に話すと
「それは飲んじゃダメ」と言われました。
断るのも申し訳なくて、どうしたら良いか困っています。

## ✓ お茶は本当はもらっても大丈夫です

学校の先生もそうですが、家庭訪問をすると訪問先でお茶を提供されることは決して珍しいことではありません。コーヒーや紅茶を入れてくださることもあります。なかには、ビールを飲みながら面接に応じてくれた方は「あんたも飲むか」と言われ、帰りには缶ビールを手渡されそうになって慌てて断ったということもあります。

結論から言うと、家庭訪問先でコップやグラスで提供されたお茶は飲んでも問題はありません。ただし、皆さんが勤務する自治体で、具体的にそれを禁じる規定がある場合はそれを守る必要があります。

公務員の基本的な倫理規定を定めているのが国家公務員倫理法です。地方公務員には該当する法律はありませんが、多くの場合、この法律を元に条例や規則、ガイドラインが定められています。

この法律では、いわゆる利害関係人からの贈答品等を受けることが禁じられています（国家公務員倫理法第3条第3項）。

被保護者とは、保護費を渡す、渡される関係であり、被保護者は利害関係人にあたるので、贈答品を受けることはこれに反した行為にあたる

という理由です。

　しかし、お茶は贈答品等にあたるものかというと、人事院国家公務員倫理審査会が発行している「国家公務員倫理教本」で、"利害関係者を職務として訪問した際に文房具や電話などを借用することや、お茶の提供を受けることは倫理規程上の禁止行為には該当しません。"と記されており、お茶の提供を受けることは問題がないと分かります。

## ✓ 上手な「お茶の断り方」

　では、私が家庭訪問に行くときにどうしていたかというと、基本的には断っていました。なぜかというと、この「問題がない」の範囲が曖昧だったからです。お茶は良いけど、コーヒーはどうか？　ペットボトルで渡されるときはどうか？　考え出すときりがなくなり、住民から正当性を問われたときに明確に説明できません。まずはお断りしたうえで、それでも提供いただき、断り切れないなと思ったときに、お茶や水などその場で飲むものはありがたくいただいていました。そういうことが続くと、やはり上手な断り方はないかなと考えるようになります。

　「もらってはいけないことになっている」というのもちょっと角が立ちそうです。面接の前に被保護者がお茶を入れてくれそうになったら、「お気遣いなさらずにお願いします。お茶を持っているので」などとマイボトルを見せながら声をかけたり、「先ほどの訪問先でいただいたので結構ですよ（本当はいただいていなくても）」と伝えるなど、相手への気遣いも忘れず、スムーズに面接に入るようにしましょう。

**POINT**

**お茶をもらってもいいけど、断った方が無難。**

# 8 | 他部署からの<br>頼まれ事は困りごと?

他部署から、被保護者の担当ケースワーカーだからということで色々なことを頼まれます。なかには、申請書類や同意欄にケースワーカーの署名を求められたりするものもあります。支援・援助という名目で、ケースワーカーはどこまでやらないといけないのですか?

## ✓ ケースワーカーができないことは断っていい

　ケースワーカーは被保護者に助言、指導を行う立場であることから、役所内部、外部からに限らず、様々な相談事が持ちかけられます。

　なかでも困るのが、被保護者や関係者ができない(やらない)から、代わりにケースワーカーがやってほしいといった類いの依頼です。

　例えば、医療機関への通院同行、精神障害者保健福祉手帳の更新申請の代行、医療機関へ入院するときの手術等の同意などで、どこまでをケースワーカーの仕事として受けて良いのか悩むこともしばしばです。

　経験の少ないケースワーカーはこの「できること」「できないこと」の判断がなかなかつかないので、ついつい頼まれたらやらなきゃいけないと思ってしまいます。

　相手は「生活保護を受けているから、この人をよく知っているケースワーカーから言ってもらえれば(一緒にやってもらえれば)解決する」と考えて相談しているのだとは思います。ですが、ケースワーカーは被保護者(その他関係者を含む)の権利や義務を代行するのが仕事ではあ

りません。

　明確にケースワーカーが代行できる（生活保護の申請・変更といった職権で行うことができる）ものを除き、きっぱりと断り、代替案を見つけるように伝えましょう。

## ✓ やること、やらないことをお互いの理解で判断する

　代替案を見つける方法として、新人ケースワーカーの皆さんは、次の質問を相手に投げかけてみましょう。

　**「この方（被保護者）、生活保護を受けていなかったら、どういう風に（解決）するんですか？」**

　ケースワーカーは、被保護者の親族や関係者でなく、生活保護の業務での関係性を除けば全くの第三者です。ケースワーカーに持ちかけられるこういった相談事の多くは、そもそも第三者ができない（またはそもそも持ちかけられない）ことが大半です。

　生活保護を受けているからケースワーカーができる（やる）ではなく、この質問を投げかけることで、「本人（被保護者）ができない場合は、**本来どうするのか**」をケースワーカーも相談を持ちかけてきた担当者も確認して学ぶことができます。

　通院介助ができるヘルパーの派遣のように他法他施策の活用を求めたり、本人が役所に来られないならば家庭訪問時に申請書類を持参したり、身寄りのない方であれば同意なしで行うなど、そもそも手当ての必要がないものと確認したりと、本来どうするのかを考えて、そのうえでケースワーカーの役割として協力することを見つけて行きましょう。

> **POINT**
>
> **本来どうすべきかを、相談元としっかりと確認しよう。**

# 9 車の保有って 認められないんですか？

新しく生活保護を開始することになったとき、被保護者から「車は持っておきたい」と言われました。確かに、その方が住んでいるところは、町の中心部からも遠く、車がないと不便な場所です。
東京や大阪のような大きな都市であれば公共交通機関も充実していますが、私の担当している地域では車は必需品だと思います。
車の保有って本当に認められないのですか？

## ✓ 車の保有は必要があれば認められる

　確かに山間部などに居住していて、買い物をしようにも車で20分、30分はかかるという場所と、東京、大阪のような都市部とでは車の必要性は違いますよね。

　まずは、生活保護の実施要領や疑義問答で車の保有が認められる条件を、どのように書かれているか整理しましょう。

**（[問答] 問第3の9）**

　障害者が通勤に使用する場合

　通勤先や自宅が公共交通機関の利用が著しく困難な場所にあるときや深夜勤務の仕事についているときで、その仕事での収入が車の維持費を大きく上回ることなどの条件を満たす場合

**（[問答] 問第3の12）**

　障害者（児）が定期的な通院等に使う場合で、自動車の維持費が他からの援助やその他の施策でまかなわれる場合などの条件を満たす場合

（［別冊問答集］問3－14）

　生活用品としての自動車は、その地域の普及率が高くても原則的に保有を認められない。

　事業用途は低所得世帯との均衡を失しない範囲であれば保有できる。


　このように車の保有については、「（障害者で無い限り）仕事で必要であるとき」でない限り、基本的には保有が認められないということになります。


## ✓ 車は必ずしも贅沢品ではない

　生活保護では「最低生活の内容としてその所有又は利用を容認するに適しない資産」、例えば資産価値を有する家屋や貴金属などは、原則処分して、それを生活費にあてることになっています（［次］第3）。つまり、最低生活を維持するために活用できる資産があるのであれば、それを活用することが「便利、不便」の前に優先されます。いわゆる贅沢品は最低生活の維持のために活用してくださいというのが基本的な考え方です。

　では、「最低生活の内容」から考えて、車は貴金属のようなある種の「贅沢品」なのでしょうか？　昔は、車自体の資産価値も高く、売却したらそれなりの売却益がありましたが、今ではよほどの高級車でも無い限り、家屋や貴金属のような価値があるとは言えないでしょう。

　そういう意味で、車の保有の可否を、贅沢品かそうでないか（処分価値があるかどうか）という観点だけで見ると、処分価値がなく（地域によっては）最低生活を送るための必需品なのに保有が認められないのはどうにもすっきりしないと思う方もいるかと思います。

　贅沢品ではない車を、エアコンのように「社会通念上処分させることを適当としないもの」（［次］第3の5）と見なすことができないのはな

ぜでしょうか？　それは、車の資産価値をもう少し考える必要があります。

## ✓ 車にはマイナスの資産価値がある

　エアコンなどの生活用品、テレビやゲーム機のような趣味嗜好品であれば処分価値の小さなものは保有が認められていることと比べて、車の保有が生活用品として同じように認められないのは、車が「マイナスの資産価値」を持っているからです。

　「マイナスの資産価値」とは、いわゆる維持費のことです。エアコン、テレビ、ゲーム機などの品はそれを持っているだけで維持費がかかるということはありません。

　しかし、車の場合、持っているだけで使用しなくても車検代、自賠責保険の保険料、自動車重量税、駐車場代などが維持費としてかかります。

　（一社）日本自動車工業会による「2019年度乗用車市場動向調査」によると、車の平均的な維持費（燃料代、修理代、有料駐車場代、有料道路通行料等）は10,700円です。実際には、ここに保険料や、自動車重量税、車検代などが加算されるため、月々の負担額はかさみます。エアコンも使用すれば電気代が必要になりますが、車の場合、使用時の燃料代を除いても、相応の維持費が必要で、それを実質、生活扶助（生活保護費）からその部分を捻出することになると、本来維持しなければならない最低生活に必要な費用を削らないといけなくなります。

　そのため、この維持費部分については、車の保有を認める場合でも、就労による収入が維持費を「大きく」上回ること（**【別冊問答集】**問第３の９）、他からの援助、他施策の活用等により「確実に」まかなわれる見通しがあること（**【別冊問答集】**問第３の12）、と条件がつけられています。

## ✓ 車の保有を認めるには目的をおさえる

　車の保有容認の判断については、多数の疑義問答や審査請求の事例・先例があり、全てを原則にあてはめることができるわけではありません。実際、**[別冊問答集]**問3の14では「（生活用品として保有を容認する場合）実施機関は、県庁及び厚生労働省に情報提供の上判断していく必要がある。」と示されています。原則的な判断から外れた場合でも保有を認めることができる方法は残されています。

　地域ごと、その被保護者ごとに車を必要とする理由は異なっていると思いますので、原理原則を理解したうえで保有を認めるかどうかを判断しましょう。もしも車の保有の希望があったなら、ケースワーカーの皆さんは、その資産価値よりも、被保護者がどういったことに使うために車を必要としているのかを尋ねてください。車を持つ、使うことは生活するうえでの「手段」であって、「目的」ではないはずです。

　そして、次に生活保護の枠を頭から取っ払って、その世帯にとって本当に車が「手段」として必要かどうかをもう一度考えてほしいと思います。皆さんの収入が、生活保護費程度だったとして、車を持つのか、また、持たないとしたら代替手段はなんなのか、一つ一つ問題点と解決策を洗い出しましょう。

　大切なのは、車を保有するかどうかではなく、その被保護者が最低生活を維持し、その後自立した生活を送るための最善策は何かということです。不便を解消する方法が「車の保有」になるのか良く検討して判断しましょう。

---

**POINT**

### 車の保有は「目的」ではなく「手段」。
### 被保護者にとって一番良いのは何かを考えよう。

# 10 | 家庭訪問をしても不在が続くときにはどうする？

家庭訪問をしても、いつも不在の被保護者がいます。
約束をしてもすっぽかされて、1年近く家庭訪問ができていません。
どうしたら良いでしょうか？

## ✓ 家庭訪問は必ずやらないといけないもの

なかなか家庭訪問ができない世帯は本当に困ります。

生活保護の実施要領では、「少なくとも年に2回以上訪問すること」とされているので、最低でも半年に一度は家庭訪問をすることになっています。ところが、家庭訪問そのものを拒否したり、約束をすっぽかして家にいなかったりというケースもやはりあります。

監査があると、こういう家庭訪問ができていない世帯は「長期未訪問世帯」とされて、改善を求められます。

収入申告など福祉事務所に被保護者が来るので家庭訪問はできていないけれど会ってはいる、不在時には連絡票をみて電話をくれるので家庭訪問をせずとも聞きたいことは聞けているというケースワーカーもいるかもしれません。

ですがなかには、いつの間にかその部屋を退去して行方知れずになっていたり、同居者が増えていたりというように届出が無いまま、生活状況が変わってしまうこともあります。家庭訪問をすることで、部屋の変化や普段の生活が垣間見えることもあります。

監査で指摘されるのを避けるためにというよりは、やはりその被保護

者と向き合うために、長期未訪問は避けたいですね。

## ✓ 不在が続く被保護者と会うために

　こういった長期未訪問の世帯は、指導・指示に従わないとして生活保護法第27条による口頭指示や文書指示をすべきだという考え方もあります。しかし、「家庭訪問に応じるように」という内容で、最初から指導を行うのはちょっと先走りすぎです。

　まずは被保護者と会話をする機会を確保しましょう。不在時に投函したり玄関ドアに挟んだりする連絡票に対して電話をかけてくる方であれば問題はありませんが、そうでなければ、連絡票に「次は○月○日の何時頃に伺おうと思います。難しければ連絡をください。」といった形で残し、訪問時間を指定するなどの方法で相手からの連絡を待ちましょう。

　それでも連絡を取ってこない場合は、こちらから電話をしますが、その応答も忌避するようであれば、収入申告書など定期的な提出書類を郵送する際に、家庭訪問の日程調整を尋ねる手紙も同封しましょう。

　収入申告書など生活保護の決定(生活保護費の算定)に必要な書類の提出がなければ、生活保護法第27条による指導・指示を行うべきですし、最後には文書などで伝えてから、生活保護費の振り込みを窓口払いに変えるなど、家庭訪問でなくても面接する機会を作るように試みます。

　一連の手続きで大切なのは、家庭訪問が目的ではなく、自立を助長するための手段であることを忘れないことです。それぞれの経過はきちんと記録を残し、段階を踏んで指導し、被保護者にもその意味が分かってもらえるようにしましょう。

**POINT**

### 家庭訪問をできていない世帯は段階を踏んで訪問に繋げよう。

# 11 | 住民票がない人は 保護できるんですか?

生活保護を新たに申請した方の調査をしたところ、住んでいるところに住民票がありませんでした。

本人に確認したところ、貸金業者から逃げるために住所を転々としていたので、住民票を移さず、今どこにあるか分からないと言います。どうしたら良いでしょうか?

そもそも、住民票もなくて生活保護を適用できるのでしょうか?

## ✓ 住民票がなくても生活保護は適用できる

　生活保護の実施責任は「要保護者の居住地又は現在地により定められるが、この場合、居住地とは、要保護者の居住事実がある場所をいう」(**[次]**第2)とされており、住民票(住民登録)の有無で判断されません。

　したがって、実際にその場所に居住しているということが確認でき、他の要件に問題が無ければ、住民登録がされていなくても、生活保護を適用することができます。

　一方で、住民基本台帳法では転入・転居した日から14日以内に届出をしないといけないことになっており、正当な理由がなく届出をしなければ、5万円以下の過料に処されることがあります(第52条第2項)。

　生活保護の適用可否の判断には影響しないとはいえ、住民登録は国民健康保険や国民年金、選挙人名簿の登録など各種の行政サービスの基礎になっていますので、住民票がない(住所を定めていない)場合は、実際の居住実態に合わせた形で届出をするよう指示しましょう。

## ✓ 住民票を移すことができないときの対処方法

　理由があって住民票を前住所地から移せていない場合、まずはなぜ移すことができないかを聞き取って、その理由を記録しましょう。住民票を移せないということは、それなりの理由があるはずです。自立した生活を目指すうえで、それは解決しないといけない問題ですから、ケースワーカーが積極的に援助していく方法を考えましょう。

**多重債務の問題を抱えている場合**

　生活保護費から借金を返済することは認められていないため、債務を整理する必要があります。日本司法支援センター「法テラス」を通じて弁護士に相談して、自己破産も含む債務整理を行ってもらいましょう。

**DV、児童虐待などの問題を抱えている場合**

　配偶者からの暴力行為（DV）や、近親者から受けていた児童虐待、また他者からのストーカー行為があって、今住んでいる所が知られると困ることから住民票が移せていないといった場合、「住民基本台帳事務におけるDV等支援措置」により、加害者から住民票や戸籍の附票の閲覧、交付の請求があっても制限（拒否）することができます。

　警察、配偶者暴力相談支援センター、児童相談所等の相談機関等の意見を聴いたり、裁判所の発行する保護命令決定書を用意したりするなど手続きのハードルは少し高いのですが、被保護者が安心して生活を送るための手段の一つとして検討しましょう。


## ✓ 住民票がないときの対処方法

　住民票がどこにあるか分からないときは、本籍地に戸籍の附票を請求することで、現在の住民登録の状態を確認することができます。

　戸籍の附票とは、本籍地の市区町村で戸籍の原本と一緒に保管されている書類で、その戸籍が作られてから（もしくはその人が戸籍に入籍し

てから）現在に至るまでの住所が記載されています。転居届や転入届が市区町村に提出されると、本籍地の市区町村に通知がされ戸籍の附票に変更が記録されます。

　住民票がどこにあるかが確認できれば、転入届で居住地に住民票を移すことができます。

　住民票を置いていた場所に居住していないことが市区町村で実態調査等により確認された場合、「職権消除」と言って住民登録が抹消され、どこにも住民票がない状態になります。このときは、戸籍謄本と戸籍の附票を取って、改めて住所設定の手続きをとることで住民登録を回復させることができます。

　一番問題なのが、本籍地がどこか分からないという場合です。基本的には本人の生育歴などを聞いて、生まれた所や結婚時に住んでいたところに本籍がないか調査をしますが、それでも本籍地が分からない場合は、家庭裁判所に「就籍許可の審判」を申し立て、許可を得て新たに戸籍を作るところから始めなければいけません。

## ✓ 介護保険は住民登録がないと困る

　生活保護の適用可否に住民票の有無は関係なく、医療扶助は住民票がなくても対応可能ですが、住民票がどこにもない場合、特に困るのが介護保険です。

　生活保護を適用しているとき、65歳未満の方で要介護認定を受け、介護サービスが必要になれば「みなし2号被保険者」として、利用した介護サービス費用の全額を介護扶助で支給することができますが、65歳以上の方は、他法優先の原則から、費用の内9割は介護保険を利用しなければなりません。ところが、住民登録がどこにあるかが分からない、どこにも置いていないというときは、介護保険に加入することができず、「みなし1号被保険者」といった取扱いが基本的には認められな

いため、介護サービスを受けることができなくなってしまいます。

　他の行政サービスと比べて、要介護状態にある高齢者に対して介護サービスが使えないと、その方を援助できる手段がかなり狭められます。

　住民票がなくても生活保護上は大丈夫、ではなく、被保護者を他法他施策も含めて幅広く援助するためにも、正しく住民票を設定する（住民登録する）ように援助しましょう。

## ✓ 生活保護の世帯分離と住民票の世帯分離は違う

　住民票を正しく登録するにあたって、「世帯分離」の違いについても覚えておきましょう。住民票は世帯単位で作成します。ここでの世帯は、同じ場所に居住していて生計を同一にしているものになります。そのため、2世帯住宅などで親子が同じ場所で暮らしていても、生計は別ということであれば届出をすることで、住民票を別々に分けることができます。この住民票を分けることを「世帯分離」と言います。

　一方で、生活保護で使われる「世帯分離」は、世帯員の中で保護を要しないもの（大学生や、稼働能力の活用が不十分な者など）がいたときに、その人だけを生活保護の適用から外すことを言います。

　生活保護の適用可否は生活の実態で判断するので、住民票上「世帯分離」されていても、住居を共用していたり、光熱水費の請求が分けられたりしていなければ同一世帯と判断する場合があるので、注意が必要です。

**POINT**

**住民票がなくても生活保護の適用は可能だが、しっかりと援助するために住民票は正しく登録してもらおう。**

# 12 | フリマや動画の収入ってどうなる?

> 預貯金調査を行ったところ、不明な収入がいくつか見られたので本人に尋ねると、フリマアプリで不用品を売ったと言われました。一つ一つの収入はわずかなのですが、どう処理すれば良いでしょうか?

## ✓ 不用品の売却や広告収入などの取扱い

　総務省の「令和3年度情報通信白書」では、年代ごとのインターネット利用率が13歳から59歳の広い世代で90%を超えていると報告されています。60歳代についても82.7%、70歳代であっても59.6%と半数を超えており、今では高齢者であってもインターネットを利用して情報を手に入れたり、ネットショッピングをしたりすることが当たり前になってきました。

　ここでは、主にインターネットを利用して得た収入についての扱いを整理します。

**フリマアプリやオークションサイトなどでの不要品売却による収入**

　フリマ(フリーマーケット)やオークションサイトで、家財など不要品を売却して得た収入は「その他収入」([**次**]第8-3-(2)-エ-(イ))になります。配送料などは、その収入を得るための経費として収入額から差し引いて差し支えありません。

**動画配信サイトの運営による収入**

　動画配信サイトによる広告収入、閲覧者からのいわゆる投げ銭収入な

どは、基本的には「その他収入」になりますが、活動実態（プロダクション契約の有無、継続した配信実績など）によって「自営収入」（自営業者としての収入。**[次]** 第8-3-(1)-ウ）と判断できる余地はあります。

## アフィリエイト広告収入

自身のブログやSNSなどに広告バナーや販売サイトへのリンクを張っただけの労働を伴わないものは「その他収入」になります。商品の販売を行うために取材記事を書くといった労働が伴う場合は、販売元との契約関係や実態で「自営収入」と判断する可能性はあります。

## 電子マネーやポイント（[別冊問答集] 問9-29-2）

電子マネーの送金で入金されたものは現金と同じく取り扱います。親族などからの送金であれば、「仕送り」として全額収入認定します。その他は入金された理由により「その他収入」「自営収入」と判断します。

商品の購入などで付与されるポイント等は、割引やサービスの一環であり、収入として認定する必要はありません。

## ギャンブル収入

競馬、競艇など公営ギャンブルでの馬券等購入費用（負けた金額）は必要経費として認められません。そのため、払戻しによる入金額全額が「その他収入」となります（[別冊問答集] 問8-2-5）。

「その他収入」は世帯合算で、月額8,000円を超えた額を収入として認定することになっていることに注意が必要です。キャッシュレス化が進むにあたって、これからも判断に迷うケースが想定されます。迷ったときはSVに相談し、組織的に判断しましょう。

**POINT**

### 収入の実態を整理して、どういった性質を持つ収入かを判断しよう。

# 13 | 生活保護費を貯めても いいですか?

> 「趣味の物を買い替えたいので貯金したいんだけど、生活保護では許されないですよね」と担当する被保護者に尋ねられました。
> 生活保護費を貯金に回しても良いですか?

## ✓ 生活保護費は毎月使い切ることを想定していない

　毎月支給される生活保護費を貯金することは原則的には問題はありません。「生活保護では貯金ができない」と勘違いを生むのは、生活保護申請時に保有している預貯金の取扱いと混同するからでしょう。

　生活保護の申請時、生活保護の適用要否を判定するために、その時点で保有している預貯金を含む資産を確認します。最低生活費の半額までは、当座の生活費として保有が認められますが、それ以上の預貯金は、手持ち金として認定し、支給する生活保護費から差し引きます。そのため、「申請時の」預貯金は認められないと一般的に理解されます。

　毎月支給される生活保護費の使用用途について、法に触れるようなことや、生活保護法第60条に定める「生活上の義務」から大幅に外れることが無い限り、ケースワーカーがそれを縛ることはありません。皆さんが働いて得た収入を趣味に使ったり貯金をしたりするのと同様に、被保護者も受給した生活保護費を使ったり貯金したりすることができます。

　そもそも生活保護費（生活扶助）は、食費のような毎日必要になるものの他に、生活用品、例えば衣類や家電製品を買うような費用も含まれたうえで基準が算出されています。こういった何か月や何年かに一度し

か購入しないものを買うためには、毎月の生活保護費を使い切らずに貯金しておく必要があります。「支出の節約を図り、その他生活の維持及び向上に努めなければならない。」(生活保護法第60条) という観点からすれば、生活保護費は毎月使い切るのではなく、むしろ貯金ができる使い方が理想と言って良いでしょう。

入院入所中の被保護者で、寝たきりで金銭管理能力が無いなど、手持金が累積されてしまう (支給された日用品費を使わずとも最低生活が維持できてしまう) ときは保護を停廃止することがありますが、それは特殊な事例と考えてもらって良いと思います。

## ✓ 高校生が進学するための貯金の取扱い

高校生の被保護者は、卒業後に大学や専門学校などに進学する場合、世帯分離する (生活保護の適用から外す) ことになります。そのため、被保護者が進学を望む場合、奨学金制度などを利用することになりますが、少しでも入学時の費用の足しにするため、あらかじめ福祉事務所の承認を得れば生活保護費から貯金することができます。(**[問答]** 問第3の18-2) なお、高校生のアルバイト収入も進学に必要な経費とすることが目的であれば、あらかじめ「自立更生計画」を提出してもらい事前に承認することで収入認定除外し、その金額を貯金に回してもらうことができます (**[次]** 第8-3-(3)-ク)。

生活保護費を貯金に回して、自立に向けて積極的に頑張っている方にはケースワーカーもしっかりと支援したいものです。

**POINT**

貯金の目的を知って、被保護者の自立を支援しよう。

# 14 | ペットを飼っちゃダメ ですか?

家庭訪問をしたら、被保護者が野良猫を拾ってきて飼っていました。私自身、ペットの匂いが苦手なのもありますが、生活保護を受けているのに、ペットに使うお金なんかないだろうと少しイラッとしました。どう指導したら良いですか?

## ✓ 被保護者はペットを飼えるのか?

「ペットは家族」だという方もいれば、私もそうですが、ペットそのものが苦手だったり、アレルギーを持つ方もいたりするので、ペットの問題は本当に難しいですね。結論から言うと、ペットを飼うことそのものを「飼わないように」と指導するのは難しいと思います。生活保護法や保護の実施要領、東京都や大阪市の疑義問答集でも明確にダメだと書かれたものが見当たりません。

生活保護を受けている方は、親族との交流がなくなっていたり、未婚で子どもがいなかったりする方も少なくなく、ペットが子どもや友だちの代わりという関係性が築かれていることもあります。認知症高齢者に対しての動物介在療法(アニマルセラピー)の有効性を説く研究もあります。実際に面接を通して、ペットのおかげで明るくなり、精神面も安定している、生活に張りが出ているなど、本人にとって良い影響を与えていることが明らかであれば、ケースワーカーとしては特段の指導を行うべきではないでしょう。

## ✓ 被保護者がペットを飼ううえでの問題点は？

しかし、被保護者がペットを飼うには、クリアしなければならない課題があります。

### ペットは世帯員としてカウントされない

「ペットは家族」と言っても、生活保護ではペットは家族のような世帯員ではなく、飼育にかかる費用は生活保護費として支給できません。

### ペットの医療費は高額

ペットの医療費も医療扶助として支給されないので、支給された生活保護費（生活扶助）でまかなわなければなりません。ペットには公的医療保険が適用されないので、一般的にはペット保険などで高額の医療費に備えています。掛け捨てであればペット保険に加入することはできますが、受け取った保険金は、その他の収入にあたるので、基本的には8,000円を超える額は収入認定され、支払われる生活保護費が減額になるため、ペットの医療費分をまかなうことは難しいでしょう。

### ペットの飼育が認められていない住居がある

「ペット飼育可」の住居は一般的に家賃が高い傾向があります。賃貸契約でペットの飼育を認めていない物件であれば、家主や近隣住民とのトラブルの可能性も考えられます。保護開始時に高額な家賃の住居に居住していれば、基準額内の住居への転居指導を行いますが、ペットが飼えるという条件が付くために部屋を見つけられないこともあります。

被保護者への指導は最小限度に止めるべきですが、ペットを飼うことによって、その世帯にどういう影響があるのかを理解して助言をするのが良いでしょう。ペットを飼えないという結論に至ったとき、譲渡に迷ったら、自治体やNPO法人が行う里親制度などを活用しましょう。

**POINT**

**ペットは飼っても良いが、本当に飼えるかを考えてもらおう。**

# 15 | 動画配信者になりたいという人にどう言うべき？

> 若い被保護者が「僕は動画配信を仕事にする」と言って、こちらからの就労支援の話を断りました。
>
> どう考えても、動画配信で自立できるとは思えず、就労支援をしてもらって何かアルバイトでもしてほしいと考えています。どう指導したら良いですか？

## ✓ 夢だけで仕事を探せるとは限らない

　被保護者から「『職業選択の自由』があるのだから、ケースワーカーに仕事を決める権限など無いはずだ」と言われたら、皆さんはどう答えますか？

　憲法第22条第1項に「何人も、公共の福祉に反しない限り、居住、移転及び職業選択の自由を有する。」と職業選択の自由がうたわれています。生活保護を受給しているからといって、その自由を制限されるということにはなりません。その一方で、生活保護法第4条第1項では、生活保護の要件として「能力その他あらゆるものを、その最低限度の生活の維持に活用する」ことを求めています。稼働能力が活用されていない状態はこれに反する状態です。

　皆さんは子どもの頃「こんな仕事に就きたい」という夢はありませんでしたか？　タレント、モデル、スポーツ選手、漫画家、そして今なら動画配信者もそうですが、「なりたい！」と思っていても、簡単にはなれない仕事はたくさんあります。生活保護は最低限度の生活を保障しま

すが、そのためには「生活の維持及び向上に努め」る義務があることも理解してもらわなければなりません（生活保護法第60条）。

　ケースワーカーは、そういった仕事に就くために被保護者が努力することを否定せず、生活保護上の義務を果たすように指導しましょう。

## ✓ 就労指導を行うときの注意点

　稼働能力が活用されていない被保護者に対して、特定の仕事に就くような助言、指導は行うべきではありません。

　たとえ生活保護からの自立が望めない、現時点では収入が無かったり、少なかったりする仕事であっても、被保護者がそれを望むのであれば一定期間はその活動を認めるべきでしょう。

　そういった方にはまず「自立更生計画」として、今後の就労プランを提出してもらうなど、その仕事に就くことで生活の維持向上に繋がるものになるように考えてもらいます。計画の期間としては、短期間での自立が見込まれるときに車などの資産保有が認められる概ね6か月が良いかと思います。その6か月間で、収入を上げる努力がなされているかどうかを判断します。

　一定の期間が経過したときに、当初の計画に沿っていなかったり、収入の増加が今後も見込まれなかったりした場合、計画の変更を促し、就労支援といった活用できる制度を助言、提案します。

　それでも改善が見込まれないときは、生活保護法第27条よる口頭指示、文書指示に進んで行くことになります。この際、助言・指導の経過は必ず記録に残しましょう。

**POINT**

### 仕事を選ぶ、選ばないは自由ですが「生活上の義務」を忘れずに。

# 心から相談できる人を
# 見つけることが成長の鍵になる

大阪市OB元ケースワーカー・谷口伊三美さん

**現役ケースワーカーにアドバイスをいただけますか？**

　新しくケースワーカーになった皆さんは「一人で抱え込まず、相談しなさい」というアドバイスを何度も受けることかと思います。それは有意義なことではありますが、アドバイスとしては不十分です。全国にはケースワーカーが数人しかいないという小規模福祉事務所が数多くあって、上司であるSVは実は生活保護の経験がなかったり、他の仕事を兼務していたりすることもあります。

　小規模福祉事務所でなくても、相談できる上司・同僚が必ずいるとは限りません。生活保護利用者を「さん」づけで呼ばない職員がいたり、利用者に対する偏見や差別が見え隠れしたりする。そんな職場も少なくないのです。そこは残念ながら、皆さんが安心して相談できる場所ではないかもしれません。

　だから「一人で抱え込まず、誰かに相談する」ということは、それほど簡単なことではありません。皆さんは、まず何よりも相談できる相手、できれば適切なアドバイスをしてくれる人を意識的に探しましょう。職場の上司がそういう人なら問題ないですが、そのような幸運がすべての人に保障されるわけではないのです。

　私にとって、自分を育ててくれたSVは、地域の関係機関のソーシャルワーカーや生活保護の研修会で出会った他市の職員でした。最初はとりあえず職場の上司や同僚にしか相談できないかもしれませんが、一日も早く心から相談できる人を見つけることがケースワーカーとして成長する鍵となることを伝えておきたいと思います。

**ひとくち memo**

どうしても自分が所属する組織の中だけで仕事を考えてしまいがちですが、外からの視点を加えて成長の糧にしたいものです。

# 本書で使用した資料等のご紹介

## 【書籍】

・『健康で文化的な最低限度の生活』（2014年〜）柏木ハルコ　小学館
・『生活保護手帳』中央法規
・『生活保護手帳　別冊問答集』中央法規
・『〔増補版〕プロケースワーカー100の心得——福祉事務所・生活保護担当員の現場でしたたかに生き抜く法』（2015年）柴田純一　現代書館

## 【調査資料】

・「2019年度　乗用車市場動向調査」（2020年4月）一般社団法人　日本自動車工業会
・「全国厚生労働関係部局長会議資料　説明資料—社会・援護局（社会）」厚生労働省
・「『都市自治体職員の地域活動等の参加に関するアンケート調査』の結果について」（髙橋清泰）『都市とガバナンス』Vol.17　公益財団法人日本都市センター

## 【データベース、機関等】

・e-Gov（https://www.e-gov.go.jp/）
・依存症対策全国センター（https://www.ncasa-japan.jp）
・オンライン市役所（https://www.online-shiyakusho.jp/）
・生活保護通知・通達総索引（https://utatane.asia/cw-index/）
・生活保護裁決データベース（http://seihodb.jp/）

# おわりに

　私が生活保護の現場に初めて配属されたのは、公務員になって7年目の1999年、なんと前世紀のことになります。

　この本を書くことを決めたとき、生活保護の現場で働くことになって戸惑っていた1999年の私に対してアドバイスを送ることをイメージしました。生活保護どころか、福祉全般について知識も経験もなく、どこから仕事に手を付けてよいのか分からないあの時の私に対して、ケースワーカー、SVとして経験を積んだ今の私が伝えるとすればどうするかと考えて、経験したこと、知っていることを余すことなく詰め込みました。また、はみ出しインタビューとして、私以外の方からも新人ケースワーカーへのアドバイスをいただきました。

　もちろん私が新人ケースワーカーだった当時は動画配信者のような仕事もありませんでしたし、高等学校等就学費もなく大学進学どころか高校進学ですら難しかったことなどを考えると、今とでは被保護者に助言する内容も異なっています。ですが、CHAPTER 1に書いた「普通」を支えるケースワーカーの仕事としての本質は当時も今も変わりがありません。

　皆さんがケースワーカーの仕事に就くにあたって感じている不安や、実際に仕事をしてみて難しく感じていることが、この本を読むことによって少しでも解消できれば嬉しく思います。

　地方公務員の仕事はあまり褒められることがありません。生活保護のケースワーカーの仕事は、唯一の正解がある仕事ではなく、時には思いもよらぬところからバッシングを受けることもあり、辛い思いを経験するかもしれません。

　それでも、皆さんが生活保護制度を利用される方の「普通」を支える

ために、目一杯の努力で取り組んでいることを、私や多くの先輩ケースワーカーは知っています。そしてその仕事を心の中で応援している市民の方もたくさんいます。

　幸いにして、今は直接会うことができなくても、遠く離れたところでもオンラインで話をしたりすることも容易にできるようになっています。

　もう少し突っ込んで本書に書いた内容について色々と話を聞いてみたいだとか、ケースワーカーを褒めてほしいといった希望があればいつでもお声がけください。


　本書を書き上げるにあたって、多くの方にご協力いただきました。同じ福祉事務所で仕事をした先輩、後輩、今の生活保護の現場の状況を教えていただいた現役ケースワーカーの皆さん、そして私を支えてくれる家族に、心より感謝申し上げます。


　そして最後に、本書を手に取ってくださった皆さんへの感謝とともに、これからのケースワーカーでの経験が素晴らしいものになることを祈っています。


2022年3月

　　　　　　　　　　　　　　　　　　　　山中　正則

**【著　者】山中 正則（やまなか・まさのり）**

大阪市天王寺区保健福祉課担当係長。生活保護ケースワーカーやSV（スーパーバイザー）を経験した後、防災担当、新型コロナウイルス対応業務などを経て現職。生活保護関連通知・通達を探すことができる「生活保護通知・通達総索引」を制作。防災士。現役公務員のコミュニティ「オンライン市役所」のゲーム推進課長。

## 福祉知識ゼロからわかる！
## 生活保護ケースワーカーの仕事の基本

2022年 4 月21日　初版発行
2024年 4 月15日　4 刷発行

著　者　　山中　正則

発行者　　佐久間重嘉

発行所　　学 陽 書 房

　　　　　〒102-0072　東京都千代田区飯田橋1-9-3
　　　　　営業部／電話 03-3261-1111　FAX 03-5211-3300
　　　　　編集部／電話 03-3261-1112
　　　　　http://www.gakuyo.co.jp/

ブックデザイン／八木孝枝　　DTP制作・印刷／加藤文明社
製本／東京美術紙工